東大生100人が教える
成績をグングン伸ばす
中学生の勉強法

東京大学「学習効率研究会」編

二見書房

はじめに――勉強法に悩むすべての中学生へ

自分ではがんばっているつもりでも成績が伸びるとはかぎらない。

その原因は、何をどこまでやればいいかを見極めないまま突っ走ろうとする勉強のやりかたにある。急所がはずれていると、いくら努力しても得点力は身につかないので、テストでも思うような結果は出ない。この低迷状態から抜け出すためには、ひとつの革新が求められる。

必要なものだけをやり抜いてひとまず結果を出す――これを実行してほしい。

出題が予測される問題の解きかたを覚えて、直近のテストで高得点を達成するのだ。この成功体験を足がかりにして、勉強の質と量を少しずつ引き上げていくと、必ず道はひらける。

私たち研究会のメンバーは全員が現役の東大生だが、かつて『中学生の勉強法』（旧書および新版）をまとめた先輩たちと同じで、初めからずっと成績上位者であったわけではない。成績の頭打ちに悩んだことが何度もあるので、君たちのもどかしい気持ちはよくわかる。

しかし、あれこれと試行錯誤したあげくに「このやりかたでいい！」という勉強のコツをつかんでからは成績上位者でありつづけた。中学生の段階で正しい勉強のやりかたを覚えたおかげで、高校でも成績は順調だったし、最難関の東大に合格することもできた。

そんな私たちが強調したいのは、勉強では要領のよさを追求しないと壁にぶつかるということだ。得意な分野はさっと終わらせて、絶対に必要でしかも苦手になりがちなところを「できるまで何度もくり返す」など、めりはりをつけた集中的なやりかたが有効になる。

それに加えて、授業を受ける効果を最大にする工夫も欠かせない。

宿題はその日のうちにこなす、小テストでも手抜きをしない、成功体験を重ねてやる気を持続させる、課題を先送りしないでそのつど解決する、苦手は早期につぶしてしまう、定期テストは全力をつくす、などをくり返していくうちに得点力の根幹が太くなっていく。

とはいえ、どれくらいやればいいという目安はない。君たちの学力の達成度や適性にはちがいがあるので、どうしても必要とされる勉強時間数や問題量などのワクを決めることに意味はないし、テストで結果を出せるやりかたに個性があるのは当然のことだからだ。

ただし、「できるまでやる！」という徹底さが得点力を押し上げること、「どうしても必要な努力を惜しまない」ねばり強さが決め手になること、この二つを疑ってはならない。

東大生が生まれつき頭のいいのは事実かもしれないが、それ以上に、努力をする才能に恵まれたタイプが目立つ。男女を問わず、東大生の多くは「自分は必ずやれる！」という自己肯定感が強いので、勉強に関して「あきらめ」という言葉を禁句にしている。

成績が伸びないことに悩む中学生に、受験の先輩である私たちが教えたいことはたくさんある。もっと自分に合った勉強のやりかたを知りたい、成績上位を約束してくれる実戦的なやりかたを試してみたい、という意欲を抱いている君たちを全力で応援しよう。

近年の入試傾向として、英語でのリスニング問題の導入、国語でのリスニング問題と条件作文・課題作文の導入、首都圏の一部公立校での自校作成問題の実施などが話題になっている。それらにも目配りして、具体的でわかりやすいアドバイスを盛りこんでおいた。

本書をまとめるために現役の東大生にアンケート協力を依頼し、本文中に入学時の分類を記しておいた。文Ⅰは法学部コース、文Ⅱは経済学部コース、文Ⅲは文学部・教育学部・教養学部コース、理Ⅰは工学部コース、理Ⅱは理学部・農学部・薬学部コース、理Ⅲは医学部コースだ（1〜2年生の教養課程から3〜4年生の専門課程へ進むときにコース替えできるので、文系と理系の変更なども可能とされる。なお、巻末にアンケート協力者名簿を付記しておいた）。

人生の黄金期の幕開けともいえる中学時代を思うさま楽しんでもらいたい。本書をガイドに効率よく勉強しながら、志望校合格という栄冠を手中にすることを祈念してやまない。

東京大学「学習効率研究会」

目次

序章 まちがった勉強法では成績は伸びない

はじめに

■ 「自分はこうすればうまくいく」というやりかたを確立しよう

- 小さな成功体験で自信をつけて勉強習慣を身につけよう
- どうしても必要な「最小限の努力」とは何かを考えよう
- 限られた時間内で「ムダをはぶいて効率よく」をめざそう
- 苦手分野は「より時間をかけて」早めにケアしていこう
- 課題を先送りしないで「いまここで！」を心がけよう
- 勉強計画は予備日をつくり「短期目標」のクリアから

第1章 苦手を克服するプロセスに成績上昇のカギがある

■ 授業の効果を最大にして「理解力＋得点力」を高めよう

- 授業中心の「わかる＋できる」が出発点だと再確認しよう
- もう一度「長期＋短期」計画の意義を考えておこう
- 教科や適性によって予習と復習の比率はちがっていい
- テスト形式でくり返すから死角のない実戦力がつく
- テストでの不正解のやり直しまでが勉強だと心得よう

第2章 英語の成績を伸ばす最短メソッドを教えよう

■ 苦手分野を攻めると成績向上への最短メソッドがわかる …… 48

不得意は「テスト準備の手抜き＋苦手の先送り」から生じる
教科によって不得意の生じる原因はちがうと知っておこう
教科や分野に合わせた不得意のアレンジが効果的だ
苦手からの脱出には「どうしても必要な努力」が求められる
成績上位者とは自分流のメソッドを確立できた者のこと

■ 学校と塾を連結させて勉強の効率アップをめざそう …… 62

各種の塾の位置づけを明確にしておこう
塾の利用目的をはっきりさせることが前提条件だ
気分転換と能率アップを実現するのも工夫しだい

■ 何を優先させると効率よく英語が身につくかを考えよう …… 74

4領域「聞く・話す・読む・書く」の意味合いを考えておこう
教科書の文章の音読によって英語感覚を身体に刻みこもう
文の構造＝5文型は理屈として「わかる」を徹底させよう
文を分解して主要素それぞれの役割を明確にさせよう
単語・熟語・慣用表現・構文などは例文とともに覚える

■ 基礎文法を重視して穴のない英語力をめざそう …… 91

■ 英文和訳・英作文は「文法」の応用で攻略できる

英文和訳も「文法」によって分解すると正答できる

文章丸ごとの覚えこみが分厚い応用力を育てる

英作文は「決まり表現＋例文」のつなぎ合わせでクリアできる

範囲外の内容→国立・私立校入試に出題されるものを知っておこう

英作文に使える基本的な用語・用例 1

英作文に使える基本的な用語・用例 2

英作文に使える基本的な用語・用例 3

英作文に使える基本的な用語・用例 4

覚えておきたい基本的な熟語 1

覚えておきたい基本的な熟語 2

「読む→文法で分解する」とみなして基礎を固めよう

形容詞と副詞の原級・比較級・最上級を用いた慣用表現

書き換え問題を解いて文法知識を確実にしよう 2

「予習＋授業＋復習」に対応したノートを工夫してみよう

書き換え問題を解いて文法知識を確実にしよう 1

東大生が教えるノート術 1　英語編

109

第3章　数学の成績を伸ばす最短メソッドを教えよう

■ 正確で速い計算力を身につけて基礎を固めよう

「脱ゆとり」で学習内容が増えたことを知っておこう

数学の上達イコール正確な計算力と考えよう

「1か月単位＋1週単位」の特訓スケジュールも有効だ

苦手意識は小テストで高得点を連続させれば解消できる

142

成功体験をバネにコツコツ持続型に変身しよう
「いまやる!」にこだわって集中するのがベスト

■ 典型問題を中心に解きかたのパターンに習熟しよう

ふたたび「予習・授業・復習」について考えてみよう
授業では過熱するほど頭を使うことが大切
ノートを工夫して解きかたが読みとれるようにしよう
典型=中級問題をたくさん解いて実戦力を高めよう
家庭学習では解答を先に見て解きかたを覚えるのもいい
テスト前には範囲分の問題集をやり直して準備しよう
志望校の過去問を解いて出題レベルと傾向を知ろう
難関校入試は範囲を超える内容や技能で対応しよう

■ 各領域をタテ系列でとらえて最強の解答力をめざそう

❶「数と式」→四則計算の決まりに習熟して正答率を高めよう
　① 数の計算 —— 難問はないが計算ミスで失点しないように
　② 文字式・不等式・式の計算 —— 公式や法則をつかって計算に強くなろう
　③ 数と式の計算 —— 因数分解・平方根などの計算をたっぷりやろう
　　　　　　　　　　　　　　　　　　　　　　　　　　　　【数と式の計算】の重要ポイント 1 ………………156

❷「数の性質・場合の数・確率」→典型問題をたくさん解こう
　① 数の性質 —— 基本的な考えを理解して解きかたを覚えよう
　② 場合の数・確率・規則性の問題 —— 樹形図や表を利用しよう
　　　　　　　　　　　　　　　　　　　　　　　　　　　　【数と式の計算】の重要ポイント 2 ………………175

第4章 国語の成績を伸ばす最短メソッドを教えよう

■ 国語力が上昇すると他教科の得点力も伸びてくる

「脱ゆとり」で増えた内容と近年の出題傾向を考えておこう

志望校の出題傾向に合わせた準備をして得点力を高めよう

国語力を全教科の勉強を底支えする総合パワーに育てよう

英語とおなじで「読む・書く」を中心にして新傾向にも備えよう

ノートを工夫して授業に集中するのは他教科とおなじ

---

❸「方程式の解法と応用」→量をこなしてすべての解法を身につけよう

① 1次方程式・不等式・連立方程式 ── 式を整理する技能に習熟しよう

② 2次方程式・文章題への方程式の応用 ── 文章題を解くパターンをつかもう

【不等式と方程式】の重要ポイント

❹「関数」→いろいろ融合問題にも強くなろう

① 比例と反比例・1次関数 ── 難しい応用問題も解けるようにしよう

② 2次関数・いろいろな関数 ── 問題をこなして解答パターンをつかもう

【1次関数・2次関数】の重要ポイント

❺「図形」→定理を覚えて問題を確実に解く力をみがこう

① 作図・図形の移動・空間図形 ── 立方体の切断の問題にも強くなろう

② 三角形・四角形・多角形 ── 角をめぐる性質をしっかり理解しよう

【直線図形・円すい・円周角】の重要ポイント

③ 相似な図形・円の性質 ── 必ず出題される分野なので得点力をみがこう

【直線図形・円】の重要ポイント

東大生が教えるノート術 2 国語編

■ テスト形式の問題を解いて点数のとりかたに習熟しよう

「過去問」を解くと得点力が高くなる理由を知っておこう

① 「漢字・語句」→紛らわしいものの読み書きと使いかたを整理しよう
② 「熟語・語句・漢字の知識」→小さな差異に注意して正確に覚えよう
③ 「文法」→助動詞と助詞の用法・品詞の識別などを中心に整理しよう
④ 「古典（古文・漢文）」→口語文法とのちがい・古語の意味などを中心に

説明文・論説文などを読み解く技法について考えよう

- 「指示語」→指し示す内容を的確にとらえる
- 「接続語」→働きをつかんで文の前後の関係をとらえる
- 「文の形式」→筆者の表現技法に注意して読み解こう
- 「理由・具体例・事実描写」のあつかい→△印をつけて読む
- 「ひねりのある表現」→意味するものを的確につかもう
- 「抽象名詞」→文中での使われかたから真の意味をとらえる
- 「文の要約」→〇印の文をつなげれば仕上がる

文学的文章は「論理的読み＋感情移入の読み」の両立で

■ 文の読み解きでは問題文に限定して答える力をつけよう

古典（古文・漢文）もノートのとりかたを工夫しよう

文章の読み解き問題で設問に正答することの意味を考えよう
設問に答えるために問題文をまとめるのが最短コース

古文攻略のポイント 1

第5章 社会の成績を伸ばす最短メソッドを教えよう

韻文・古典は表現技法を覚えて作品世界を味わっておこう 古文攻略のポイント 2

■ 覚えこみ優先で「理解力＋得点力」を押し上げよう

地理・歴史・公民は「覚える」を先行させて整理しよう
問題集を解いて実戦感覚を育てながら記憶量を増やそう

① 「地理」の成績を伸ばす→地図に強くなることが基本だ
② 「歴史」の成績を伸ばす→各時代の特色と時代転換の中身を知ろう
③ 「公民」の成績を伸ばす→裁判員制度などの時事的な用語を押さえる

第6章 理科の成績を伸ばす最短メソッドを教えよう

■ まず1分野を得意にして全体の成績上昇の突破口にしよう

理科(物理・化学・生物・地学)は内容が増えたので要注意だ
理科は分野(物理・化学・生物・地学)によって攻略法にちがいがある

① 「物理」の成績を伸ばす→「考える」優先で計算問題にも強くなろう
② 「化学」の成績を伸ばす→「覚える」優先で化学式などにも強くなろう
③ 「生物」の成績を伸ばす→「覚える＝理解する」で分厚い知識をめざそう
④ 「地学」の成績を伸ばす→気象異常や地震災害なども参考にしよう

〈アンケート協力者名簿〉

序章

まちがった勉強法では成績は伸びない

「自分はこうすればうまくいく」というやりかたを確立しよう

小さな成功体験で自信をつけて勉強習慣を身につけよう

小テストなどは、授業前にザッと復習しておくだけで高得点できることがある。たかが小テストとはいっても成績がいいと気分がいいし、「やればできる!」という自信もつく。復習にもっと集中すれば満点がとれたはずだ、このやりかたを続けていけば定期テストで成績上位がめざせるかもしれない、という先行きへの見通しがもてるのもうれしい。

小さな関門ではあっても、成功体験をもつことの意味は大きい。

やる気でのぞめば、より以上の成功をめざす「がんばり」が苦痛ではなくなるし、勉強の習慣もついてくる。多くの東大生が「まず成功体験をもつこと。それが自信につながる」と語っているのがその証拠だ。「勉強の習慣」と「自信」。好成績をとることは「ほめられる」に値するとだれでも「努力をほめられる」とうれしい。好成績が結びつくと成績はかならず伸びる。

考えて、成績アップの第一歩として、まず目先のテストでの成功を実現してほしい。

序章　まちがった勉強法では成績は伸びない

「テストにはいい点数がとれるはずだという強い意識でのぞむこと。成績アップはモチベーション（＝動機づけ）になるし、自分には能力があると知ることができるのも大きい」

これは高知県の私立土佐中学～土佐高校から東大文Ⅰに進んだK・S君の助言だ。さらに彼は「テストは点数をとるためにやるものなので、いい点をとるに越したことはない。ひとつの分野がしっかりできるのであれば、他の分野でもとれるはず」とも語っている。

私たちの経験によると、成功体験をつみ重ねるごとに、自分をとりまく風景がちがって感じられる。一気に階段をのぼったようで、以前よりも視野がひらけたことに驚かされるからだろう。そのような地平に立つと、もっと大きな目標（＝たとえば大学受験）が見えてくる。

その反対に「テストに全力でのぞむ」ことから逃げていると、成功体験はもてないし、自信も大きくならない。もちろん勉強の習慣も身につかないし、将来の目標もつかめない。

とはいっても、その成功が「まぐれ当たり」のときは話がちがう。ただの当てずっぽうで得点しただけなのに、「やったあ！」と舞い上がってしまうことをいましめる意見もある。

「それが偶然の産物であるのなら意味がない。"自分はできる"などと勘ちがいによる自信がついて調子にのってしまう。根本的に解決するつもりなら勉強法を見直さなければならない」

と辛口な助言をしてくれたのはS・Sさんです。ピアノが得意な彼女は、神奈川県の私立横浜

共立学園中学〜高校から東大文Ⅲに進んでいる。

中学時代に文芸部だったT・Mさんも「テストでの高得点ねらいばかりだと、短期間でガーッと勉強すればいいという錯覚におちいるのではないか」と心配している。彼女は国立の北海道教育大附属小〜国立の東京学芸大附属中〜附属高から東大文Ⅲに進んでいる。

ではどうすれば一時的な好成績を「真の実力＝テスト形式を問わずに得点できる力」につなげることができるのか。コツコツ型を自称するS・Sさんはこう答えている。

「成績がよかったときの"うれしい"感情を覚えておくといい。もう一度あの感覚を味わいたいと思って勉強をやりつづければ、真の実力につなげることができるはず」とのこと。

T・Mさんも「勉強したから好成績だった→勉強しないと好成績はとれないと信じること」という。両人そろって、コツコツの持続によって達成した好成績だから今後につながるはずだし、それを真の学力につなげるには怠けずにコツコツを持続するしかないという考えだ。

毎日少しずつやることで定着させる——これが「真の学力」への道すじだろう。

このようなプロセスを「自分はこうすればうまくいくというやりかたを確立すること」と表現するのはK・D君だ。彼は山形県の公立中学〜県立米沢興譲館高校から東大理Ⅲに進んでいるが、「まずは定期テストで点数をとって自信をつける」ことを強くすすめる。

序章　まちがった勉強法では成績は伸びない

順位発表で成績上位だと気分よく自分を肯定できるし、「あいつはできる!」という周囲の視線も背中を押してくれる。この効果は大きい。「自分はこれでいい!」と実感しながら、好成績がとれたときとおなじやりかたで問題量をこなしていけば結果はついてくる。失敗したらすぐ修正する。これをつみ重ねていくうちに「うまくいくやりかた」が確立されてくる。

もうひとつ、自信をバネにした苦手教科の克服のしかたを紹介しておこう。

「嫌いな教科であっても、どこかに苦手意識の少ない分野があると思う。まずそこを克服して自信をつけ、別の分野へ広げていくと教科全体を得意にすることができる」と語るのは、愛知県の公立中学〜県立半田高校から東大文Ⅲに進んだT・H君だ。ひとつの分野をこなして自信をもつと、他分野のハードルが低く感じられる——こうした心理を活用するやりかただ。

どうしても必要な「最小限の努力」とは何かを考えよう

勉強で大切なのは、授業の効果をより高めようとする姿勢だ。授業中にじっくり考えて「わかる」を体感し、家では宿題などを解いて「できる」を実現する。「解決すべきものはいまここで!」を心がけて、そのつど課題をこなしていくと授業を受ける効果は最大になる。

逆ないいかたをすると、そのつど「わからない・できない」をなくしていくことが君たちの課題なのだ。「宿題をやる、復習をする、明日の授業の予習をする、定期テストに向けた準備をする」などを消化しながら、授業への集中力を持続していくのがベストだろう。

といっても、短い時間ですべてを終わらせるのは容易ではない。

宿題が解けないときは、教科書を読みなおして先生の説明を思いださないといけない。英語の予習として文章の音読はしておきたいし、習った単語も覚えてしまいたい。漢字の書きとりテストへの準備もしないと……などなど、時間に追われて尻に火がついたみたいだ。

そのため、自習は何時間がいいか、予習と復習をどうするか、時間配分をどうすべきか、などと「理想的な勉強のかたち」を教えてもらいたがる傾向も出てくる。それを参考にして自分に合ったやりかたを試すのであればいいが、教えられた型にしばられるようだと苦しい。

ひとりひとりの現状をふまえないマニュアル（＝手引書）など有効なはずがない。中学時代は勉強の習慣を確立しつつある時期なのだから、望ましい時間配分などが実現できるかどうかは疑わしい。人間には性格のちがいや得意・不得意がある。だれにでも有効な「勉強のかたち」があるかどうかも不明だし、それが君たちに合うかどうかもわからない。

大切なのは、授業の効果を最大にするためには目の前の課題（＝予習・復習・宿題など）をこな

018

序章　まちがった勉強法では成績は伸びない

す必要があるが、それをやりとげていくうちに力が定着してくる——これを実感してみることだ。小さな成功でもいい。時間に追われながらのがんばりは絶対に裏切らない。

日ごろの家庭学習では「ほぼ宿題に追われていたので、各教科の時間配分や時間割などを意識するどころではなかった」と語るのは、宮崎県の公立小学校〜私立宮崎第一中学校〜高校から東大文Ⅲに進んだF・S君だ。まさしく追いこまれっぱなしの毎日だったらしい。

さらに「中学3年になってからは定期テスト前に計画的にやれるようになったが、それまでは試験範囲をすべてやり終えることができないこともあった」という。必死になって課題を消化していくうちに、時間のやりくりが上達して勉強の効率がよくなったのだろう。

家庭学習を「英数国8・理社2の割合。また英数国の割合は3・5・2の割合」でやったのは埼玉県の公立中学〜県立浦和高校〜東大理Ⅱに進んだA・S君だ。中1〜3まで進学塾に週3回通ったが、その塾は「数学の宿題がめちゃくちゃ多かったが、それをがんばった」という。

その結果、英語は3〜1番、数学は1番、国語は3番（150人中）を維持した。塾の日は、帰宅後に塾の宿題をこなすだけで一日が終わる。塾がない日は学校の宿題などをこなしたあと、各教科の予習・復習をやった。A・S君の帰宅時間は午後6時45分、塾の日の就寝時間は午前0時だったが、「定期テスト前は計画的な時間のやりくりをした」という。

ここに「どうしても必要な最小限の努力とは何か」を考えるヒントがある。ただし、そのやりかたを実行すれば得点力がつく、そのやりかたを持続すれば得点力が定着する——この条件を満たす「努力」でなければならない。

先のA・S君は「失敗したな！」と思ったときは「できるまでねばり強くとり組んだ」といぅ。東大生の多くは家庭学習で各教科の時間配分などまったく気にせずに勉強していたが、さらにいうと、宿題だけで終わらせたタイプも多い。それでも着実に力を伸ばしているのは、教科や分野ごとに「できるまでねばり強くやる！」を実行しつづけたからにちがいない。

宿題は授業を復習させて、解答力がつくまで練習させるためのものだ。やさしい問題をくり返す、類似問題を解く、そして一週間後にもう一度解く。忘れたころにやって解ければもう力は定着している。

そして定期テストには計画的な準備をさせて、達成度をチェックするねらいがある。個人差はあるだろうが、宿題と定期テストを勉強の二本柱にすれば実力はつく。

君たちの現状（＝達成度）によって「どうしても必要な最小限の努力」の中身はちがってくるが、それは「できるまでとり組む努力」と背中合わせだと気づいてほしい。そのため、「できるまでねばり強くやる！」を最小限の努力とおなじと考えてもまちがいではない。

序章 まちがった勉強法では成績は伸びない

限られた時間内で「ムダをはぶいて効率よく」をめざそう

だれでも勉強は短時間で終わらせたい。しかし「○○時間でいい」という尺度はない。宿題をこなすだけで一日が終わってしまうのは、「できるまでとり組む！」を心がける完璧タイプといえる。その一方、宿題などを早く終わらせて音楽や読書などを楽しむタイプもいる。

高い得点力が身につくのであれば、どちらのタイプでもかまわない。中学時代は授業の進度に合わせて、その場での「わかる・できる」を達成し、どの分野にも穴のない学力をめざすのが正統なやりかただろう。結果よければすべてよし！ この考えで走りつづけること。

先を見とおす体系的な学習のしかたは大切だが、それは高校からでも間に合う。たとえば数学の関数と図形の分野はいずれつながるし、空間図形などは高校レベルでの関数で考えるとわかりやすいという事実もある。しかし、いまは目先の課題をこなすことに専念していい。

ただし、ムダをはぶいて効率をよくする工夫はしてほしい。

「毎日おなじ時間帯にやる習慣をつくること。短時間でもいいので午後8時から30分間などと決めてやるといい」と語るのは、青森県の公立中学～県立弘前高校から東大理Ⅰに進んだK・S君だ。さらに彼は、「できる問題はやらなくていい。そこに時間をかけるのは非効率的だ。

できない問題をできるまでくり返しやる」ことをすすめる。

効率化は、「できるもの＝得意」と「できないもの＝苦手」への重点の置きかたを変えるだけでも実現できる。得意なものはさっと終わらせ、苦手なものに時間をかければいい。そのためには、テストでの不正解などをチェックして弱点をしぼりこんでおく必要がある。

「実感したのは高校からだが、わからない問題を自覚することで重点の置きかたがわかり、効率化がはかれた」と語るのはF・S君だ。得意な分野は気分転換のために解くだけにし、「苦手の分野も、慣れてくれば解法を思い出すだけにとどめて効率を上げた」という。

問題集は学校で与えられたものがいい。あれもこれもと手を広げずに、その一冊を丸ごと二度、三度とくり返すこと。計算力アップ用の問題集も、ごく薄いもの一冊で十分だ。

「計算練習用に問題集を一冊使ったが、途中で投げ出すのがいやだったので、薄いものを選んだ」と語るのは、神奈川県の公立小学校～国立の東京学芸大附属世田谷中学～附属高校から東大理Ⅰに進んだM・K君だ。これもムダなく効率を上げる方法のひとつだろう。

学校指定以外の問題集を使うときは、「選ぶとしても一冊まで。その一冊を徹底的にくり返せばいい。つまみ食いはよくない」と語るのは、東京都の私立桜蔭中学～高校から東大文Ⅲに進んだM・Mさん。東大生の多くは彼女とおなじ意見で、中級問題を中心に、これと決めた一

序章 まちがった勉強法では成績は伸びない

冊をやりこむことをすすめている。

またM・Mさんは「勉強に対するやる気がないときは得意な分野からやるといい。得意なものなら他よりもやる気が出るはずだから。苦手分野のほうはまとまった時間を確保してやるのがいい。土日にがっちり何時間もやるのも効果が大きい」と語ってくれている。

先ほどのM・K君は、「数学の計算は朝のほうが集中できる」という。家族の支えがないと朝早く起きるのは難しいが、東大生に高校から朝型に切りかえたタイプが多いのは、そのほうが効率がいいからだろう。登校前の20分間ほどを英文の音読にあてるのも効果がある。

断っておくが、「要領のよさ」は「手抜き」とイコールではない。

たとえば、多くの東大生は英語の教科書の「文章をコピーしてノートに貼る」ことを実行していた。ノートに書写する労力がはぶけるし、予習の単語調べや授業の解説、板書などをノートに書きこむようにすれば教科書を汚さないですむので、音読のさまたげにもならない。教科書に書きこむと、どうしてもそこに目がとられる。その時点で重要だと思えた書きこみであっても進行につれて陳腐化するし、不必要な予断をもたらすこともある。音読のくり返しは英語力を定着させる決め手のひとつなのだから、君たちもすぐ実行したほうがいい。テスト要領のよさにこだわると「ムダをはぶく→効率のよさをめざす」通路が見えてくる。

前の一夜漬けも効率のいい方法のひとつといえる。ただし、勉強不足のときの切り札にはなるが、ずっとそれでのり切るのはムリなので、コツコツ型との併用を考えたほうがいい。

苦手分野は「より時間をかけて」早めにケアしていこう

だれにでも不得意な分野はある。東大生の中学時代もおなじで、英語では単語が覚えられなかった、リスニングが苦手だったというタイプもいる。数学では図形や確率の分野がそうだ。国語では文法事項（＝言葉のきまり）や古文・漢文などが不得意だったタイプが多い。

しかし、かれらは申し合わせたように早めに手を打っている。「不得意なものには時間をかける」という明快なやりかたで、まだ苦手意識は残っていたとしても、「できるまでくり返す」ことによって平均以上のレベルには到達しているところがすごい。

学びにはどうしても苦手や弱点がつきものだ。「めんどうくさい！」を禁句にして、小さなことにも全力でぶつかる——これが正しい攻略法だろう。

高校レベルでは、不得意分野での失点を他教科の高得点でカバーする作戦もあり得る。しかし、君たちはそれを見習うべきではない。短期間のケアでいいのだから、苦手には余計に力を

序章　まちがった勉強法では成績は伸びない

　入れて全教科を得意にしてやるぞ！　と豪語するくらいの気概をもってもらいたい。

　国語の古文が苦手だったというF・S君は、「（省略されることが多い）主語を強く意識して読むことを心がけ、頭のなかに文法表をつくって整理した」という。苦手な古典文法にはとくに時間をかけ、しかも早めに攻略することでトップレベルの国語力を身につけている。彼は私たちの研究会の親しい友人で、宮崎県の私立宮崎第一中学～高校の出身だ。

　「口語文法は中1で、古典文法は中2で基礎を完璧にした。古典文法の活用は何度も声に出して覚えたし、夏休みなどの休暇のたびに自主的に復習した」と語るのはS・Sさんだ。出身校の横浜共立学園は古典文法を徹底的にたたきこむ指導方法だったようだ。ちなみに彼女は数学と英語で学年1位（190人中）を6年間キープし、苦手の国語は30位だったという。

　東大生に即効的によい結果がでた分野を質問したところ、国語では古文・漢文という答えが多かった。ただし、「どの教科もある程度はすぐ成績が上がるが、古典は文法と単語を地道に覚えないと本物の力にならない」という高知県出身のK・S君の考えが正解のようだ。

　数学では計算力の不足が致命傷になる。公立中学出身の東大生の多くは「学校の演習だけでは不十分だと思う」と語っている。先ほどのM・K君のように独力で計算問題集をやりぬくのは強い意志が必要なので、塾などの指導のもとで特訓するほうが無難かもしれない。

図形やグラフでは、素早く正確な図をかけるようにしたい。少しでも不安を感じる分野には力を入れて、その一点に集中することだ。根気よくそれをくり返すのがコツだろう。

英語は、「まずは文法と単語を重視すること。リスニングやコミュニケーションはあとまわしでいい」と語るT・H君のやりかたが参考になる。

英文法は問題集を解きながら整理するといいし、単語は文章といっしょに頭に入れるのがコツだろう。出てきた単語を「声を出して＋手で書きながら」かたっぱしから覚えていくこと。辞書を引くのを面倒がらずに、しかも例文をじっくり読みこむのが有効だ。5文型（＝文構造）や時制をわかったうえで、じつはこの苦手つぶしの過程に成績を伸ばすコツがある。じつに平凡なことだが、苦手に向き合って一個ずつ解消していくやりかたが効くからだ。即効的なやりかたを敬遠する東大生が多いのは、地道なつみ重ねが実力につながるという事実を体得しているからだろう。

課題を先送りしないで「いまここで！」を心がけよう

その場でやれることはやる！――この課題を先送りしないやりかたを習慣づけるとムダがはぶけるし、学習内容も定着しやすい。君たちにも覚えがあると思うが、授業で頭脳をはたらか

序章　まちがった勉強法では成績は伸びない

せておいて、まだ余熱のあるうちに再起動させる（＝復習する）と効率よく理解がふかまるという事実がある。その逆に、復習を先送りすればするほど理解はあいまいになる。

たとえば数学は、「まとめてやるのではなく、日々小さな苦手をつぶしていくことが大事だし、そのほうが身につく」と語るのは山口大学附属小学校～中学～県立山口高校から東大文Ⅲに進んだI・Kさんで、このやりかたを一貫させたタイプが東大生には多い。

Strike while the iron is hot. は「鉄は熱いうちに打て」という英国のことわざだが、「好機を逃すな」という二次的な意味もある。「若い時代に有益な教育を受けることが大切だ」という元の意味あいから、「手遅れにならないうちに処置しなさい」へと転じたのだろう。

勉強もおなじで、「いまここで！」を心がけていても苦手が発生することはある。早めに処置をして、それでも効かないときは、週末の土曜日や日曜日に集中的にやり直すのがいい。

もちろん、夏休みなどに苦手分野をまとめてやる効果も大きい。

「数学は計画的にやれば1か月でかなり変わる。基礎固めなどには十分な時間だ」と語るのは千葉県出身のK・T君だ。彼は公立小学校～私立の渋谷教育学園幕張中学～高校から東大理Ⅰに進んでいるが、本来は「毎日少しずつやる、我慢してやる」ことを強くすすめる。

コツコツ型を骨格にして、苦手はドカンと集中する型で処置するやりかただが、最初から長

期休暇をアテにするのはよくない。日々のつみ重ねを軽視すると伸びが止まるからだ。

「成功するかどうかは苦手の量による。一分野だけなら夏休みで克服は可能だと思うが、夏休みにやるからいいもん、というような逃げ口上を使うようになったらダメ。夏休みにまわすのは本当にどうしても苦手なところのみ」と語るのは、横浜市出身のS・Sさんだ。

日々のつみ重ねにこだわるのは、じつはそれが容易ではないからだ。結果が出るまで地道にがんばる能力を才能と呼ぶとすると、東大生はまさしく才能のかたまりだろう。生まれつき頭がいいからそうなのではなくて、その場で解決することを心がけて、無理せずコツコツを持続させたがゆえの成績トップだと理解してほしい。

もうひとつ大切なのは、おなじ失敗をくり返さないことだ。

小さな失敗をすると考えちがいや盲点が見つかる。失敗してみないと失敗に気づかないものだし、失敗することで知識などが定着するという事実もある。「国語のテストで失敗した漢字や文法事項は失敗しなかったものより覚えている」と東京学芸大附属中学〜高校出身のT・Mさんが語るのはそれだろう。

注目したいのは、「失敗するのは悪いことではないのだから、なにが原因でまちがえたかを解明すればいい。それが一番成功する近道だ」という千葉県の私立渋谷教育学園幕張中学〜高

序章　まちがった勉強法では成績は伸びない

校出身のK・T君の意見だ。それは「つぎにどうすれば失敗しないかをよく考えることが大事だろう」というN・Y君の考えと重複する。

N・Y君は東京の公立小学校〜国立の筑波大附属駒場中学〜高校から東大理Ⅰに進んでいるが、「おなじ失敗をくり返さないようにすれば実力がつく」とも語っている。まちがいの原因をよく考えて対策を怠らないやりかたが成績の伸びを約束してくれる、という意味に受けとめてもらいたい。

東大生も失敗してきている。失敗した子どもへの最高のはげましかたは？　と質問したところ、「人間性を損なわない伝えかたがいい」と答えているのがその証拠だろう。自分がいわれて嫌だった表現を退けて、前向きのはたらきかけを推奨しているのがおもしろい。

勉強計画は予備日をつくり「短期目標」のクリアから

家庭学習の計画には、①授業の時間割に沿った予習や復習、宿題中心のもの、②定期テスト前二週間ほどのもの、③志望校合格という大きな目標から逆算して勉強時間と内容を決めるものなどがある。①と②は「短期目標」で、③は「長期目標＋短期目標」といえる。

①と②は中学3年間をとおして有効だし、③は中学3年生にはとくに必要となる。

まずは①と②の「短期目標」をやりとげるのが正解だろう。予備日をつくって無理なく実行したいが、最初のうちは勉強の習慣を確立することを優先させるといい。土曜日と日曜日を予備日にして、つみ残しを週末にこなすなど、週単位で区切るのも効果がある。

ただし、苦手つぶしに長期休暇をアテにするのがよくないのと同様に、日々の課題を土曜と日曜に先送りするのもよくない。できる問題は飛ばして苦手に集中するなど、要領のよさにこだわりながら、目標クリアをめざすこと。各教科の時間配分は大ざっぱでかまわない。目の前の課題をこなしていくうちに処理能力（＝解答力）がアップするので、分量がふえるしペースも速くなる。あとはその成果を中間テストや定期テストにぶつけるだけだ。

もうひとつ、テストでは高得点をめざすべきだが、点数自体に意味はない。高得点して自信をつけ、それをバネにして努力を持続できるパワーを獲得することに意義がある。点数をとることは理解につながるといっても、点数に一喜一憂するだけでは将来に不安がのこる。

「設定した目標、たとえば『○○高校へ行くためにこの教科は80点以上とる』を達成させることが大切だ」と語るのは愛知県出身のＴ・Ｈ君だ。短期目標をクリアして、さらに目標を具体化させると、点数がそれまでとは別の大きな意味をもってくることをいったものだ。

序章　まちがった勉強法では成績は伸びない

このT・H君は「長期計画はそのとおりにはいかない」というが、おなじく「こまかい勉強計画を立てるよりも、気が向いたときに気がすむまでやるべき。予定は立てただけで満足してしまうものだから」と語るN・Y君も、まず直面する短期目標のクリアを重視する。

その一方、コツコツ型をやりぬく自信があるタイプもいる。

「計画を自分で立てることで責任感やあせりが生じる。なんとなく勉強しているだけだと、思っているより全然量をこなせていないものだ。こなす量を決めて計画を立てればたしかな勉強ができると思う」と語るのはF・Rさん。東京出身の彼女は、私立の立教女学院小学校～中学～高校から東大文Ⅲに進んでいる。

また、「長期目標＋短期目標」型のバリエーションをすすめるタイプもいる。

「志望校合格という絶対的な目標があるのなら、そこから逆算して計画を立てるといい」と語るのは東京学芸大附属出身のT・Mさんだが、神奈川出身のI・Y君はもっと先の大学受験まで視野に入れて、「大きな所から毎日の計画まで落としこむ」ことを推奨している。最終的な目標を決めて、そこから日々の勉強を意欲的にこなせるように細かな計画立てを敬遠するタイプが見受けられる。大学進学で実績のある中高一貫校出身者に、細かな計画立てを敬遠するタイプが見受けられる。学校カリキュラムを順調にこなしていくだけで良好な結果が得られると考えているせいだる。

ろうが、与えられた宿題などをきちんとこなしているところを見逃さないでほしい。

I・Y君は私立聖光学院中学〜高校から東大理Iに進んでいるが、中学受験の経験が大きな財産だったらしく、抜け目のない学習計画を立てていた。

どのやりかたを選ぶかは君たちひとりひとりが決めるしかないが、「ある程度計画をもたないとグダグダになりそう」という高知県出身のK・S君の意見も説得力がある。

まず「短期目標」の達成をめざして実行してみて、中間テストや期末テストで結果を出すのが先決だろう。いろいろと試行錯誤しながら、自分にぴったりのやりかたを体得していくしか方法はないのだから、チャレンジ精神を持ちつづけることが決め手になるだろう。

以下、もっと具体的で実効性の高い勉強のやりかたを追求していこう。

第1章

苦手を克服するプロセスに成績上昇のカギがある

授業の効果を最大にして「理解力＋得点力」を高めよう

授業中心の「わかる＋できる」が出発点だと再確認しよう

予習・復習・宿題などをこなすことで授業の効果を最大にする「できる」につなげて定着させるには、ひとりひとりが地道にがんばるしかない。授業で入手した「わかる」を「できる」につなげて定着させるには、ひとりひとりが地道にがんばるしかない。

授業中に頭をはたらかせて、先生が説明する内容を理解する——これが「わかる」ということだ。たとえば数学では教科書に例題の解きかたが記述してある。それを先生がかみくだいて解説して「わかる」をうながし、問題を解いて「できる」を体験して授業は終わる。

この回路はじつは「できる→わかる」の順序のほうがスムースな場合が多い。問題を解いて「できる」という具体的な結果を出すことで「わかる」が深まるという流れになる。

こうして計算の手順とその原理を教えてもらったうえで、その日のうちに宿題を解いて正答できれば、「できる」が再現できたことになる。あとは中級問題（＝典型問題）をたくさん解くことで「できる」を定着させ、いろいろな解答パターンに習熟してしまうといい。

第1章　苦手を克服するプロセスに成績上昇のカギがある

「予習は授業を活用するためのもので、それにより授業での効率性や吸収量が上がる。復習は定着させるために必要なもの」と語るのは山口県出身のI・Kさんだが、「わかる」と「できる」をリンク（＝連結）させることに成功する——これが成績アップの秘訣といえる。

この「わかる＋できる」の構造は学校の授業と家庭学習をつなぐものだが、うまく連結できれば学習効果は高まるし、どちらかに不足があると効果はうすれる。授業での「わかる」が不十分だと問題は解けないし、「わかったつもり」でもそうだ。復習をなまけると「できる」が達成されないまま日時がすぎるだけなので、そこは苦手分野として残されてしまう。勉強していて「わかる」ことはうれしいし、「わからない」というストレスはたまり放題になるので意欲も高まる。「わかったつもり」では逆にストレスを解消してくれるので意欲も高まる。

ここが核心なのだが、授業を軽視することは絶対にやめにしたい。「理科の化学反応や化学式をあつかう授業を休んだら一気にわからなくなった」と語るのは宮崎県出身のF・S君だが、高校に入っても苦手をひきずったという。授業を軽視しての欠席ではないが、東大文Ⅲに現役合格する優等生でもたちまち成績低下の危険にさらされているのだ。

塾の活用にも気をつけたい。授業とのリンクがうまくいかないと逆効果になるからだ。多くの進学塾は先どり学習をしているが、そのため中途半端な「わかったつもり」状態になること

もある。メインは学校の授業で、サブという位置づけがぐらつくようだとまずい。塾に期待するのはいいが、やるのは自分なのだ。場所がどこであれ「できるまでやる！」を達成しないと学力は定着しない。塾でできるならそれでいいし、家庭学習でやるのもいい。とにもかくにもその場で力を出しきることから逃げると、伸びが停止するのはまちがいない。

もう一度「長期＋短期」計画の意義を考えておこう

家庭学習は英語・数学・国語の三教科中心の計画でいいが、とくに時間を割かないといけないのは英語と数学だ。国語は漢字などの知識事項を覚えながら宿題をこなしていけば授業についていけるし、理科と社会は定期テスト前にやるだけでのり切ることができるだろう。

序章では、①授業の時間割に沿った予習・復習・宿題中心のもの、②定期テスト前二週間ほどのものの二つを「短期目標」とし、それのクリアをめざして中間テストや期末テストで良好な結果を出すのが先決だろうと、ひとまず結論づけておいた。

一方の「長期目標」には、大学合格などの最終目標から逆算して個別の目標を割りふるスケールの大きなものから、英語検定や漢字検定などの資格試験を設定するものまである。

第1章 苦手を克服するプロセスに成績上昇のカギがある

授業の時間割に沿った「週単位」の計画に「月単位＋学期単位」の達成目標を加え、「年間目標」で仕上げるのが原型だが、盛りこみすぎの内容に縛られるのはやめにしたい。

勉強では、自分本位を徹底させたときに得点力が伸びる。

「受験までの時間は限られているので計画を立てるのは当たり前」と語るのは千葉県出身のK・T君だ。細かな短期の計画を立てる一方で、より大きな目標から逆算して「どうすればうまくいくのか？」という自分本位のやりかたを追求すればいい、という考えだろう。

一方、愛知県出身のT・H君は「計画はそのとおりにはいかない」というのが持論だが、神奈川県出身のK・H君も、「あまり先を見すぎると計画倒れになる。身近な目標を達成していくのが大事だ」と語っている。彼は私立浅野学園中学〜高校から東大理Ⅰに進んでいる。

「計画を立てることには賛成だが、あまり具体的すぎてもどうせ失敗するだけなので、この期間にここまで終わらせようというぐらいでいいし、順位目標も立ててないほうがいい」と語るのは、神奈川県の私立聖光学院中学〜高校から東大理Ⅰに進んだⅠ・Y君だ。やれば結果は後からついてくるのだから、成績順位などは気にする必要はないという考えだろう。

ところが、「週単位の目標は授業の進行にまかせて予習・復習に専念し、月単位の計画として成績上位三分の一、学期単位として成績上位5〜10％をめざす」というS・T君の目標のた

てかたもある。彼は都内の私立小学校〜私立芝中学〜高校から東大文Ⅱに進んでいる。

まさしく各人各様だが、結果を出しつづけたことでは共通している。

「計画を立てるよりも、たとえば英語では教科書の問題は全部やる、出てきた長文をノートに書き写して和訳するなど、どの教科・分野についてもおなじことをすることを習慣化させたほうがいい」と語るのは、東京の私立暁星中学〜高校から東大文Ⅱに進んだR・Y君だ。

そのつど結果を出すために精いっぱい課題をこなしていくやりかたを実行しながら、長期目標が必要かどうかを見きわめるのもひとつの方法だ。「短期＋長期」の組み合わせが効率のいい勉強のやりかたに役立つと思えるなら、その時点で切りかえるといいだろう。

問われるのは、その計画が成績の伸びにつながるかどうかだ。

「長期＋短期の計画には賛成するが、短期のほうは定期テストの前で十分だと思う」と語るのは神奈川県出身のM・K君だ。彼は一週間前からテストモードに切りかえていたらしい。中学3年からZ会の教室に通っていて、そこで掲示される順位がはげみになったという。このM・K君は、横浜市の自宅から東京の東京学芸大附属中学〜高校へ通うがんばり屋だった。

くり返しになるが、計画は目安になるので立てたほうがいいが、それに縛られてストレスをため込むのは最悪だと心得ておこう。計画を立てただけで満足して怠けるのはおろかなことだ

038

し、過大すぎる計画がこなせなくてパニックになるのもばかげているからだ。

教科や適性によって予習と復習の比率はちがっていい

　予習は授業をより活用するためのものだし、復習は定着させるためのものだ。国語も重要だが、とくに英語と数学は予習と復習への比率の置きかたが大きな意味をもつ。学校によって指導方針が異なるし、各人のやりかたもさまざまなので比率は一定ではない。

　英語の「予習5・復習5」の型では、愛知県出身のT・H君のやりかたが参考になる。教科書のコピーをノートに貼り、初見でわからなかった文や単語に色付きマークをし、復習時に覚えていなかったら色を変えてマークをふやしていく。全体で予習5・復習5となる。

　千葉県出身のK・T君も予習5・復習5だが、予習では音読して辞書を引いて発音記号や意味などをノートに書き、復習でも音読して授業でノートに書き足した事項を確認する。

　つぎは「予習8・復習2」の型だが、埼玉県出身のF・K君は予習で単語の意味を調べてノートに写し、復習は音読のみだ。愛知県出身のI・Y君もおなじ比率だが、配布された教科書に沿ったプリントをやるのが予習で、復習は教科書の音読だけ。「予習7・復習3」の型は山

形県出身のK・D君と宮崎県出身のF・S君がそうだが、どちらも音読を重視している。復習を重視するタイプもいる。北海道出身で帰国子女のT・Mさんは「予習3・復習7」の型で、ノートに教科書を写して授業にのぞみ、復習では教科書を3回写している。

「予習1・復習9」の型は、神奈川県出身のM・K君とS・Sさんだ。M・K君の予習は辞書を引くだけで終え、復習でノートに本文を写して和訳を書いて音読暗唱する。S・Sさんの予習も辞書引きで、復習で本文を自力で訳して文法事項を確認する。

そして「予習0・復習10」の型では、高知県出身のK・S君のやりかたが典型で、文法や単語を覚えたうえでCDを聴いてシャドーイング（shadowing＝英語スピーチを聴きながら同時進行で復唱する）をすること。東京都出身のN・K君の復習は英文の暗唱だった。

N・Y君は国立の筑波大附属中学～高校出身だが、このトップランクの中高一貫校は教科書なしで授業を進めるので、そのまま参考にするには難しいものがある。特製のプリントが授業中に配布される方式なので、復習に専念したという。

公立中学生には、英語は「予習5・復習5」を基本形として、あとは各人の適性を考えてアレンジ（＝整える）する、おなじく公立中学出身のT・H君のものを推奨しておきたい。

一方の数学の予習・復習の比率はどうだろう。

第1章 苦手を克服するプロセスに成績上昇のカギがある

まず「予習3・復習7」の型は、愛知県出身のT・H君や山形県出身のK・D君のやりかたが典型だろう。予習で教科書を読んでわからないところを授業中に解決し、問題集を解いて復習する。予習は教科書を読んでいく程度でわかっていく。

その他の東大生は具体的な数字で答えていない。たとえば、「予習は全体の流れをなんとなく見通すだけ。あとは復習をくり返して、時間を置いてきっちり定着させる」と語る宮崎県出身のF・S君のように、ともかく復習の大切さを強調するタイプが多数を占めている。

ユニークなのは埼玉県出身のA・S君で、塾中心の勉強だったので予習・復習をしなかったという。それでも「自然と学校の勉強もできました」とのこと。塾に通ってがんばるタイプの参考になるが、どっちつかずになる危険性がともなうことだけは忘れないでほしい。

数学も「予習3・復習7」を原形にして、英語とおなじように適性に応じてアレンジしていくのが最善だ。まず結果を出したうえで、一番ムリのないやりかたをつかめばいい。

テスト形式でくり返すから死角のない実戦力がつく

いうまでもなく数学では問題を解くことで実戦力がつくが、それは他教科もおなじで、テス

ト形式の問題をこなすと知識が整理され、得点できる力が定着する。コツコツと問題を解いて「わかる」を「できる」に変換させる——どの教科もこのやりかたで結果が出せる。

たとえば英語では、バラバラの単語を並べかえて日本文に合致する英文にしなさい（整序問題）、2つの英文がおなじ内容を表すよう（　）に適する語を入れなさい（穴うめ）、次の英文は日本文に英文に直しなさい（短文の和訳と英訳）などの設問に正答していくことで、5文型（＝文構造）のちがいや時制などの文法知識が定着していく。

ものどうしを「対比」する考えかたはテスト形式そのものなので、単語を対比して覚えるのも有効だ。類義語・対義語・派生語などをチェックすると対比の効果で覚えやすくなる。

熟語は別の表現に書き換えて（両方とも）対比して覚える、構文も別の表現への書き換えを対比して覚えるのが有効だが、それらは問題集をくり返して解くことで整理できる。

国語では、文法（＝現代語・古典語）や漢文、文学史などは、あれかこれかを問われるテスト形式の設問に正答することで記憶が確かになる。ざーっと覚えたら問題を解いて、正答できるかどうかという切迫感のなかで覚えると効率がいいので、暗記が苦痛ではなくなる。

文の読み解きもそうで、過去問(かこもん)（過去の入試問題）を解くことで読解力がみがかれる。過去問を解くだけでも読解力は身に評論をたくさん読むと読み解く力が伸びるのは事実だが、小説や

042

第1章 苦手を克服するプロセスに成績上昇のカギがある

つくし、むしろ実戦に強い力を伸ばすのはテスト形式のほうであることは断言できる。文章を読ませて設問に答えさせるのが典型パターンだが、出題者は最終的に正答にたどり着くために段階的に設問をこしらえるものだ。それらの設問をていねいに追うと必ず正答できるのがテスト形式の構造なのだから、正答することイコール読み解きの成功を意味する。

「設問を追うと正答できるのは、逆にいうと設問ごとに解答が重複しないことも示す。これにより解答すべき範囲をしぼることができる」というのは高知県出身のK・S君だ。

また、「設問に関連する場所をたどっていけば、文章中に解答個所がある」と語るのは千葉県の私立渋谷教育学園出身のK・T君だ。どちらもテスト形式のつくりがもつ意味合いと、それを解いていく効果を深く理解したうえでの助言と受けとめてほしい。

これらは「設問者の意図を考える」ことを重視する解答テクニックでもあるが、設問ごとのつながりを意識すると設問者＝出題者の意図がわかりやすくなる。接続詞を拾っていって文章構造をはっきり理解することと並行して、問題を解きながら身につけるといい。

設問への解答では、何が主語と述語になるかを考えて、「……から。」「……こと。」などの文末を先に決めること。設問に対しての解答の形を決めることで、ちぐはぐな書きかたが避けられる。あとは問題を解いて、自分では気づかなかった死角をつぶしていけばいい。

テストでの不正解のやり直しまでが勉強だと心得よう

中間テストと期末テストへの対応は、二週間前あたりからテスト日程に合わせて教科ごとの準備をすること、テスト後に不正解だった問題を解き直すこと、この二つに分かれる。

たとえば数学では、テスト前に範囲分の問題集をすべて終わらせる、苦手問題を集中的にくり返す、いざとなれば一夜漬けの暗記もいとわない、というやりかたが一般的だろう。

「日ごろは授業で習ったところをすぐ解いていって、テスト前までに問題集を5～6周くり返す。まちがえた問題はチェックしておき、前日は苦手な問題のみを復習した」と語るのは神奈川県出身のM・H君だ。彼は東京の私立麻布中学～高校から東大理Ⅰに進んでいるが、数学のテストでほぼ毎回トップレベルだったという。

また、横浜出身で私立横浜共立学園中学～高校出身のS・Sさんは、「わからないものは問題集の解説をよく読んで解きかたを考えなおす。解説を読んでもわからなかったら、そのまま放置しておく。テスト3日前までになっても自力で解けなかったら、そこでようやくだれかに聞いて解決する」というやりかたで一貫したという。

彼女の基本方針は「わかるまで自力で努力する」というもので、「基本がわからなくてどう

第1章 苦手を克服するプロセスに成績上昇のカギがある

しようもない場合は先生などに聞くべきだが、少しでも理解できるなら、自分で何とかしようと考えるようにするといい。そのほうが確実に力はつく」と力説している。

「定期テストは範囲が限られているので、テストごとにその範囲を完璧にしていくのが大事」と語るのは、埼玉県出身で東京の開成中学〜高校から東大文Ⅱへ進んだF・H君だ。そのつど完璧をめざして、高い達成度を実現していくと「真の学力＝テスト形式を問わずに得点できる力」の土台が固まるという考えだ。

テスト答案のやり直しでは、「真剣にとり組んだ結果なので、身についている部分とそうでない部分がよくわかる。不正解だった問題はやり直して、もう一度その問題にあたったときはできるようにする」という。類似問題をこなして解きかたを覚えるのがベストの対策だ。

「定期テストの前は、わからない問題はなぜ？ という問いを捨てて、ひたすら解答のしかたを覚えた」と語るのは、東京都出身のK・H君だ。テスト本番での正答にこだわり、解きかたを暗記してしまうやりかただが、絶対に好成績をとるという強い意志のせいだろう。K・H君は東京都の出身で、私立の名門麻布中学〜高校から東大文Ⅲに進んでいる。

不正解のチェックでは、「自分で深く考えないと覚えないもの。ここでしっかりやり直しておけば、つぎは解けるはず」という。このひたむきさと徹底ぶりを見習ってほしい。

範囲のある定期テストで全力を尽くす——このつみ重ねが範囲のないテストにも通用する土台をつくるが、それを本物の力に育てるかどうかは、君たちの努力しだいなのだ。

おなじく数学で、「できなかった問題は、即やり直してできるようになっても、一週間後にまたできないこともある。その時点でもう一度解くようにするといい」と語るのは、広島県出身の私立広島学院中学〜高校から東大理Ⅱへ進んだT・M君だ。

また、東京都出身で私立芝中学〜高校から東大文Ⅱへ進んだS・T君も「不正解の問題は、即やり直さない。やりかたを理解したうえで、後日、おそらく忘れているであろう日にやる」と語っている。

このS・T君は「解けた答案から得るものは少ない。解けなかったものこそ大事にすべき」というのが持論で、まず類似問題をこなして解きかたを知ったうえで、不正解の問題に再チャレンジし、毎日少しずつコツコツを持続して穴のない学力を達成している。

同様なやりかたを先ほどのK・S君は、「解きかたを覚えている状態ではなく、一度忘れても思い出せるようにする」と語っている。そして「解答をきれいに書くようにする」ことを推奨する。きれいな答案をめざすことはムダの省略、理解の深化、ミスの削減につながるというのが彼の持論で、そのやりかたが実力につながると助言してくれている。

第1章 苦手を克服するプロセスに成績上昇のカギがある

　序章でもふれたが、おなじ失敗をくり返さないためには、その問題の解きかたに習熟するのはもちろんのこと、類似の問題を解いて解答パターンに慣れることが大切だ。そのつぎの段階では高知県の私立土佐中学～高校出身のK・S君のいう解きかたを思い出せる状態に引き上げておくことが必須となる。

　これはどの教科にも共通するが、覚えている内容を時間がたつと忘れるのはしかたがない面があるので、そのことを悔やむよりも、忘れても思い出せるようにする、または忘れにくい覚えかたを工夫するほうが前向きだし、より合理的でもある。

　もうひとつ、テスト前の解答マニュアル（＝手順書）の覚えこみも効き目がある。

　国語の読み解きで、「定期テストで同級生たちが教科書の文章と答えを丸暗記しているのをくだらないと思った」という意見もある。本書をまとめた私たち研究会の有力メンバーのものだが、その意見にも一理あることを認めたうえで、その場で有効なやりかたは、たとえ場所が変わっても有効となる可能性をもつことを指摘しておこう。

　ただし、テスト後にその解答マニュアルをつぎの段階に引き上げる訓練をするかどうかで結果はちがう。一時的な成功を本物に変える「やり直し」作業をすると、範囲のないテストにも通用する武器に育つ。成功体験には賞味期限があるので、日時をおかずに実行すればいい。

苦手分野を攻めると成績向上への最短メソッドがわかる

不得意は「テスト準備の手抜き＋苦手の先送り」から生じる

どの教科でも、そのつど「できるまでやる！」を徹底させないと、どこかが苦手分野として残される。東大生の多くも苦しめられた経験がある。放置すればするほど深刻になるので早めに手を打つのが望ましいが、その前になぜ苦手が発生してしまうのかを考えておこう。

まず「テストで手を抜いたり、苦手を克服できないままだったりした部分は、あとで弱みになる」という山口県出身のI・Kさんの意見に注目したい。定期テストは範囲が限定されているが、そこで全力を出して完璧をめざすことを怠ったのが原因だと指摘している。彼女は、山口大学附属小学校〜中学〜県立山口高校から東大文Ⅲに進んでいる。

一方、愛知県の公立中学〜県立半田高校から東大文Ⅲに進んだT・H君は、「苦手分野は先送りせず、すぐに消していくこと。先送りすると、結局できないことが多い」と語る。両人はそろって、できない問題をくり返して「できる」にする方式で苦手つぶしに成功しているが、

第1章 苦手を克服するプロセスに成績上昇のカギがある

その徹底ぶりがすばらしい。

この「定期テストでの手抜き＋苦手つぶしの先送り」が苦手発生の原因とみていいが、数学や英語、社会や理科もそうだ。ただし、教科によっては別の要因も加わってくる。たとえば国語の「文章の読みとり（＝読解）」の教えかたがそうだが、この問題は後で考えることにして、まず定期テストでの手抜きと苦手つぶしの先送りについて考えてみよう。

テストの成績が悪いと、その分野への苦手意識が残ってしまう。気後れがして、やり直しにも力が入らない——このような経験はしたくないはずだ。毎日の勉強の量にムラがあるのはかたがないとしても、テストへの準備に手抜きをするのは最悪のパターンだろう。

「どのくらい身についたのかがわかるのがテストなので、高得点をとることに意味はある。むしろ高得点をめざして勉強すべきだろう」と語るのもI・Kさんだが、この当たり前のことを放棄するのは、中学生にとって犯罪に等しい行為であることに気づいてもらいたい。

苦手の先送りも絶対によくない。そうしたい気持ちはわからなくもないが、そのために致命的な欠陥が生じることもあるのだから、甘えは許されないことを知ってほしい。

力強く「苦手は一気につぶす！」と語るのは、群馬県出身のY・Mさんだ。「隠れ負けず嫌い」を自称する彼女は群馬県館林市の公立中学〜都立日比谷高校から東大文Ⅲに進んでいるが、

ユニークなのは大学受験時の理科は物理を選択し、現在は工学部に在籍していることだ。帰国子女の彼女はもともと数学が得意な理数系だったようで、中学では先生に上級者向けの指導を受けたという。

彼女は、テストで好成績をとってから改めて記憶を定着させるやりかたを「覚える→忘れる→覚える→忘れる、をくり返す」と表現している。これは暗記系の理科や社会にも向いた方式で、一度やったものをやり直すと記憶に残りやすいことをふまえている。

一方、苦手を先送りしなくても、その解消に完全に成功したとはいえないケースもある。北海道教育大附属旭川小学校から東京の国立東京学芸大学附属中学へ進学したT・Mさんは数学が苦手だったが、小学生時代から計算が遅かったことが大きな要因だろう。中学でも計算が終わらないので苦手意識がぬぐえなかった、と語っている。

ところが、大学受験時のセンター試験では失敗していない。難問は見ぬいて捨てる、センター試験レベルの問題の解きかたを覚える、などでのり切ったという。東京学芸大附属中学～高校という高水準での体験なので、その「苦手」の程度は少し割り引くべきだろう。

おなじく数学が苦手だったのは、宮城県出身のI・Y君だ。彼は中学1年時に手を抜いて成績を低下させ、それから「不得意だったので多くやる」ことをめざした。中学3年（260人

第1章 苦手を克服するプロセスに成績上昇のカギがある

中）では5番にアップし、その後は県立の仙台第一高校から東大文Ⅲに進んでいる。

英語で苦労したのは高知県出身のK・S君だが、先送りは一切しないで克服している。「文法の分野をひとつも飛ばさずに、根気よく覚えるように問題を解いていった。とくに文型や語法、単語をていねいに覚えていった」という。彼は一年浪人して東大文Ⅰに進んでいる。

英語で苦労したのは、愛知県出身のⅠ・Y君（宮城県出身とは別人）だ。公立中学では好成績だったが、県立刈谷高校入学後は「中学で全然覚えていなかったので、単語量が圧倒的に人より少なかった」ため3年時は360人中の240番に低下。一年浪人して東大理Ⅰに進んでいる。苦手の先送りが高校時に悪化したのだろうが、その後の挽回ぶりがすばらしい。

つぎは国語の「文章の読みとり（＝読解）」を中心に考えてみよう。

教科によって不得意の生じる原因はちがうと知っておこう

東大生の多くが、中学や高校での国語の「文章の読みとり（＝読解）」の教えかたは有効ではなかった、そもそも読解のしかたを教えてもらっていない、と語っている。それが尾を引いたのか、大学受験時にも国語（現代文）の読解問題が苦手だったことが判明している。

「中学での授業の教えかたは根拠があいまいで、納得できないことも多かった」と語るのは山形県出身のK・D君だ。小学生の頃から「国語の解説が算数や理科と比べて論理的じゃなく感じられた」というが、そのせいで国語の文章はセンスで解くものと思っていたらしい。

その一方、古文の助動詞や敬語表現などの暗記の部分を完璧にすることをめざす、という徹底ぶりも見せている。彼は公立中学〜県立米沢興譲館高校から東大理Ⅲに進んでいる。

そのほか「文章の読みとりは、なぜそういう答えになるのか曖昧だった」「答えがひとつにならないで曖昧だった」「文章読解を教わった記憶がない」などの意見がある。

もっと辛口なのは、「教師は教科書の文章を作品として解説しているだけで、自分には何の役にも立たなかった」とふり返るT・H君だろう。古文と漢文はノートをとったが、現代文は時間のムダと思ってノートはとらなかったというから徹底している。

これには読みとり（＝現代文の読解）問題のつくりかたが関係している。問題文には筆者がいて、それとは別に設問の作成者がいる。おそらく前後を削除されているであろう文中から答えを探すのが原則だが、そのためには論理の流れを偏向せずにたどらないといけない。偏向しないためには、勝手な「思いこみ」を排除することが大切になる。

こうした事情を、「先生の読みかたは問題文に沿った中立的なものだと明示して、これは問

第1章 苦手を克服するプロセスに成績上昇のカギがある

題を解くことを前提とした方法だと、生徒に理解させないといけない。そうでないとなぜこの読みかたか？ という疑問をもつ生徒がいる」と解説するのは高知県出身のK・S君だ。

また、「問題文の作成者は受験生を落とすために設問をつくっている面もあるが、筆者は読者に伝えたくて文章を書いていると信じこむことで、難しそうな問題にもとり組めた」と語るのは数学が苦手だったT・Mさんだが、その素直な読みかたが武器になったようだ。

現代文の読解がこれほど多くの苦手を発生させているので、国語への危機感を感じるタイプは漢字や古典（＝古文・漢文）などの暗記ものに力を入れている。山形県出身のK・D君もそうだが、覚えればすむものは覚えてしまって得点源にするのが正解だからだ。

こうみてくると、東大生の多くが現代文の読解に苦手意識をもってはいても、結局のところその克服に成功している。やるしかない！ と決めていろいろな問題文にとり組むうちに読解力が鍛えられていったのだろう。どの教科でも最終的にはねばり強さがものをいう。

読書することが読解力を伸ばすのは確かだが、読み解きの方法と設問に対する解答のしかたは、過去問（＝過去の入試問題）のなかでもとくに良問を選んで、それを解きながらコツをつかむほうが有効だ。解説を読んで「なぜそうなるか？」をたたきこめばいい。

「難解な文章（＝評論など）に早い時期にあえてふれていくことで、難しい文に面食らうことな

く立ち向かえるようになったし、用語もふえた」と語るのは、先のK・S君だ。

数学では、基礎＝初級問題を完全にしてから典型＝中級問題をこなし、苦手は一気につぶす集中的なやりかたがいいことがわかった。英語では単語と文法事項（＝文構造・時制など）を覚えることが苦手解消の切り札であることもわかった。それに加えて、こうした苦手解消のプロセスそのものが成績を伸ばすやりかたに通じることもわかってきたところだ。

教科や分野に合わせた自分流のアレンジが効果的だ

すでに「定期テスト準備の手抜き＋苦手分野の先送り」が不得意を生じさせる原因だと判明したのだから、その逆を実行すればいい。定期テストの試験日程が発表されたら、そこから逆算して計画を立てるのがふつうだ。その期間は勉強モード（＝態勢）に徹底してほしい。

ここでは横浜共立学園中学～高校出身のS・Sさんのやりかたを中心に考える。

英語の予習は、つぎの授業に出てくる単語を調べて宿題とされていた単語帳をつくり、余力があれば本文を少し読む。見開きノートの左ページに教科書の本文を写し、授業中に右ページに訳を書いていく。復習は本文を自力で訳してみて、文法事項を見直しする。

第1章 苦手を克服するプロセスに成績上昇のカギがある

テスト前に限らず、単語はひととおり書きまくって覚える、構文は教科書をよく読んで文法事項の例文を英文で書けるようにする、を定期的に継続させる。テスト直前にはノートを見直して、日本語だけを見て文法をふまえて一文ごとにていねいに訳すことに徹底する」ところに特徴がある。

数学は、ノートに計算や思考の過程を残す。一冊の問題集を基本→応用→発展と並びどおりに解き、それを何度もくり返す。テスト前は苦手な問題だけをやり直す。だれかに教えてもらうと「わかったつもりに」になるので、自力で答えにたどりつくことを大事にした。これをくり返せば「初見の問題＝範囲のないテスト問題」にも対応できる力がつく、という考えだ。

国語は、漢字・ことわざ・熟語はそのつど覚える。古典文法と漢文は暗記と復習に力を入れる。現代文は直感で解いていたが、定期テスト前には教科書の文章を何度も読んで不明なところを解消しておいたので、どんな設問にも答えられた。

テスト答案の再検討では、英語は単語・文法のまちがい直しを重視するが、長文問題のまちがい直しはそこまで重視しない。数学は、ほぼ満点だったので答案の再検討はしない。国語は答案のやり直しよりも古典文法の暗記・復習を重視した。「一度覚えても定期的に復習しないとボロがでる」ので夏休み、冬休み、春休みのたびに自主的に復習したという。

苦手からの脱出には「どうしても必要な努力」が求められる

彼女は国語の現代文（＝読解）がやや苦手だが、中学生の頃は「自分は国語が得意だと過信していた」という。説明文よりも物語が好きで、作文が得意だったともいう。ところが高校では学校の成績は変わらないが、予備校の成績が落ちていき、嫌いになったらしい。

現代文を直感だけで解くやりかたが壁にぶつかったのだろう。数学と英語は中高一貫の6年間をとおして成績トップだったが、国語は苦手だったのがその証拠といえる。

理科もやや苦手だった。その理由は、第一分野（物理系・化学系）が難しくて丸暗記に走ったこと、第二分野（生物系・地学系）も難しいので詰めこみ暗記していたことにある。

整理すると、英語・数学・国語の三教科のテストは手抜きをしていないが、理科・社会のテストでは分野ごとに深く考えることを放棄して暗記に走ったこと、それが手抜きだろう。

前項につづいて、中学で苦手だった理科を、高校で物理にしぼって成績をアップさせたS・Sさんのやりかたを先に考えてみる。数学が抜群なのに物理系は嫌いだったというのも不思議だが、そこには「自分には向いていない」という強い思いこみがあったようだ。

第1章 苦手を克服するプロセスに成績上昇のカギがある

　理科が全体的に嫌いだったが、とくに電気がわからない。物理系で計算するにしても、そもそも構造が理解できていないので式が立てられない。化学式は丸暗記すればテストはそこそこできたが、それ以上の興味がもてない。小学生では植物のスケッチやメダカの観察が好きだったが、中学ではそれほど興味がもてなかった──ここまで毛嫌いすれば成績は低下する。

　平均点以下の成績が悔しかったというが、その負けん気が高校での挽回につながっているはずだ。高校では物理を選択して基本から学んだところ、驚くほど得意になったという。物理は分野がしぼられ、暗記事項が少なくて数学的な考えかたをすることも影響している。

　彼女は自省をこめて、「中学での理科は最低限の暗記をコツコツと行うこと。一夜漬けや直前のつめこみには限度がある」と、成績アップのための最低必要条件を示している。

　よく第一分野の物理系は「理解する」を優先し、化学系は「覚える」を優先するといわれるが、理解できないまま暗記を強行すると苦手感はより強くなる。第二分野の生物系と地学系は「覚える・理解する」の合体がコツだといわれるが、ここも暗記のみだと苦しくなる。

　暗記だけでテストをのり切ったとしても、答案のやり直しを無視すると、その知識の賞味期限はすぐ切れてしまう。それでは次の段階に届くことのないムダな努力で終わるだろう。

　先のほうで、記憶を定着させる方法を「覚える→忘れる→覚える→忘れる、をくり返す」と

表現してくれた群馬県出身のY・Mさんを見習って、何度でもやり直すのがいい。

その一方、とくに数学や国語でそうなのだが、S・Sさんは自力で答えにたどりつくことを大事にしている。先のほうで紹介したが、数学では少しでも理解できるのであれば自力で努力することを推奨している。国語（＝現代文）の読み解きでも、さほど考えないまま解答を先に見て「わかったつもり」になることを戒めている。自力でやり抜くと本物の力がつくことを体得しているからだろう。

つぎに宮城県の公立中学〜仙台第一高校出身のI・Y君のやりかたを考えてみよう。彼は一浪して東大文Ⅲに進んでいる。

数学の成績低下からの脱出ぶりはすでに紹介したが、国語のほうは地元の公立中学1年〜2年（260人中）が30番、3年で10番にアップしている。その理由を、「おなじことを何度もくり返す徹底的な勉強ができるようになったから」と、基礎の大切さを強調している。

高校では1年（320人中）で50番、2年で30番、3年で10番と順位を上げているが、その理由に「加点される要素は何かがわかるようになった」ことをあげている。彼の持論は「基礎を完璧にすること」だ。英語・数学・国語はもちろんだし、社会・理科もおなじだ。

どうしても必要な努力が苦手からの脱出を実現させる――これを忘れないこと。

成績上位者とは自分流のメソッドを確立できた者のこと

断っておくが、「高得点をめざす」ことは「点数にしばられる」ことと同じではない。どれくらい定着したかを判定するのがテストなので、得点が高いほど定着度が高いことになる。好成績だと意欲が高まるが、そうでない点数は弱点をやり直す目安と考えるのがいい。

点数にしばられるというのは、結果に一喜一憂してペースを乱すことだ。好成績に舞いあがってやり直しを軽視してはまずいし、その反対に、失敗からの立ち直りが遅れてケアが不十分になるのもよくない。点数への意味づけをまちがうと、こうした悲喜劇がくり返される。ただし、点数がわるいことが「失敗」なのではなく、そう思いこむところが失敗なのだ。

「点数は自分への大切な評価なのでがんばるべきだ。テストで手を抜かずにやっていれば、ちゃんと自分にプラスになって返ってくる」と語るのは、埼玉県出身のA・S君だ。「小さなことのつみ重ねが大切」という考えで、うまくいくメソッド（＝方式）を確立している。

この方式は、点数は達成度を示す数値として大事なのだから、まず点数をとって「自分はできる！」のイメージを強めておいて、それを地道に定着させるからこそ有効なのだ。

また、「小テストや中間テストで生徒たちのまちがえが多かった問題は、つぎの期末テストでも出題される」と指摘するのは東京学芸大附属中学～高校出身のT・Mさんだが、こうした実践的な感覚はおもしろい。苦手がねらわれる、というテストの本質をつかんだ対処法としてかなり役立つだろう。

小さな成功体験をしてモチベーション（＝意欲）を高め、つぎの段階をめざすのが堅実なやりかただが、T・Mさんのような抜け目のない姿勢も身につけたい。一度失敗した問題はつぎは絶対に解いてやる——これも「自分はこうすればうまくいく」という方式のひとつだ。

私立の横浜共立学園中学～高校出身のS・Sさんは「勉強法は自分で切り開いたほうが力になると思う」という。彼女は「その人に合っている勉強法を発見するのが一番だ」ともいうが、よい結果を出すやりかたは各人で異なるので、独力で考えつくしかないことに気づいてほしい。他人の方法を採用して成功することもあるだろうし、一部を手直しして成功する場合もあるだろう。どんなやりかたでも構わないので、まず良好な結果を出すこと。その一時的な成功体験を本物にするために、それを上回る内容をやりつづけるしかないのだ。

あれこれ迷うことはない。いまここで「点数ねらい」を実行すればいいのだ。丸暗記でも一夜漬けでもかまわそれには直近のテストへの準備を徹底するしかないだろう。

第1章 苦手を克服するプロセスに成績上昇のカギがある

ないが、まず高得点しておいて、テスト後に徹底してやり直して定着させる。つぎのステップは毎日少しずつの方式へと切りかえること——これが成績上位者へのルートとなる。つぎのくり返すが、定期テストで結果をだして、つぎからはその成績をスタンダード（＝基準）にして、つねにそれ以上の結果をめざすやりかたがベストの方式だと断言しておこう。

群馬県出身のY・Mさんは「苦手は一気につぶす！」ことや、テストでは「ぐだぐだいうよりまず覚える↓覚える↓忘れる、をくり返す」ことを推奨するが、テストでは「ぐだぐだいうよりまず覚える」ことを優先させる。やることを当たり前にやるのが、彼女の流儀のようだ。

またS・Sさんは高校時に、家で集中できずにカフェ（＝スターバックス）で勉強することが増えたという。その真似はムリなので、冷暖房完備の図書館を利用するのもいい。自宅では早朝の15分間を計算練習に没頭するのもいいし、英語の音読をくり返すのもいい。ムリがなくて効果があるやりかたを求めての試行錯誤は、君たちの将来への布石となるにちがいない。

序章で考えたように、「こうすれば自分はうまくいく」というメソッドを確立した者が成績上位を占めることが判明している。だれにでも「これでいい！」という方式を示すのは困難だが、つねに前向きの姿勢で、つねに臨戦態勢をもち続けて、そして即座のやり直しをいとわないやりかたが実行できるようだと、学力の伸びはもう約束されたようなものだ。

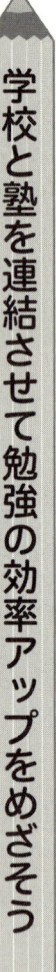

学校と塾を連結させて勉強の効率アップをめざそう

各種の塾の位置づけを明確にしておこう

塾には大きく分けて二つのタイプがある。学校の復習などを中心にする補習塾と、高校受験に向けた勉強を中心にする進学塾だ。補習塾は規模が小さいが、進学塾のほうは「〇〇高校合格〇〇名」などの広告からもわかるように、規模が大きくて生徒の数も教室の数も多い。

進学実績のある小さな塾もあるが、近年は減ってきている。手づくり教材での指導に手間がかかること、進学塾の宣伝による生徒集めに対抗できないこと、などがその原因だろう。

小さな塾の利点は、市販されている教材を用いるときでも、その生徒にあわせて問題の順番をかえるなど、細かく目が配られるところだ。学力のどこに不足があるかを正確につかんで指導してくれる先生はそう多くないが、近所の父兄の評判などから判断するのも方法だ。

首都圏や大都市部に教室を展開する大手の塾は、その進学実績はもちろんのこと、先生などの優秀さもセールス・ポイントなので、かなり質の高い陣容をととのえている。実績のあるオ

第1章 苦手を克服するプロセスに成績上昇のカギがある

リジナルのテキストや問題集などを用意しているのも、強みのひとつだろう。

こうした進学塾は、まず入塾テストによって選抜してクラス編成し、さらに月に何回かのテストで入れ替えをする。上位から順に、国立・私立難関コース、公立トップ校コース、公立・私立コースなどに段階分けして、さらに細かく点数順にクラス分けする。つまり、コースとクラス名からただちに学力レベルが判明するシステムとなっているところが多い。

しかし、テストごとの得点によるクラス編成は心理的にかなりきつい。競争になじめないタイプには苦痛だし、学校の補習をするつもりで入熟した生徒にはきびしすぎる。

またオリジナルの教材や問題集にも不安がある。過去の入試問題に沿ってつくられた力作であることは否定しないが、上限の「できる」生徒向けの内容までの幅が広すぎるように思える。簡単にいうと、分厚くて立派すぎるのだ。

勉強では「できるまでやる！」が鉄則だが、この分量をこなせるのは成績上位者だけではないか、と心配したくなる。難関校を目標にするタイプや競い合うことが苦にならないタイプにはいいとしても、成績中位のタイプや少し遅れているタイプには荷が重そうだ。

いまの学力（＝達成度）に不安なときは、個別指導型の塾を選ぶのもいい。「君にぴったりの指導」がうたい文句なので、試してみる価値はある。基礎を固めることを優先して、一歩ずつ

階段をのぼるやりかたをつみ重ねるうちに、効率アップが実現できるかもしれない。
塾の中身にこだわるのは、「メインは学校、サブが塾」を徹底してほしいからだ。塾に行くことで生じる落とし穴がある。塾でもうやったからいい、どうせ塾で復習するからいい、という横着な考えが頭をもたげてくると、学校と塾の両方ともがダメになることがある。補習中心の塾でもそうなりがちなのだから、進学塾ではもっと深刻になる。
多くの進学塾は「先どり学習」を売りにしている。学校の授業より進度をはやめて先に教えるやりかたなので、学校の授業が復習という形になる。塾でずっと進んだ勉強をしているのだから、学校の授業など軽く受けておけばいい、という気持ちが生まれるとまずい。
学校と塾とのバランスの崩れは、成績の伸びをさまたげると心得ておこう。

塾の利用目的をはっきりさせることが前提条件だ

東大生も中学時代に塾を利用している。先どり学習をする進学塾やZ会の教室、英語のみの塾などさまざまだ。国立の東京学芸大附属や筑波大附属の生徒の多くも利用している。
彼らの塾の位置づけのしかたにブレはない。自分の弱点をみつけて克服するため、自分の長

第1章 苦手を克服するプロセスに成績上昇のカギがある

埼玉県出身のA・S君は中学3年間ずっと栄光ゼミナール（週3回）に通っていた。模擬試験での成績上位をめざしてがんばり続け、校内テストで学年1位となっている。ネットに夢中になる一面もあるが、もともとスポーツ好きで、小学生のときはソフトボールで全国大会に出場し、県民総体では優勝している。文武両道をきわめる努力ぶりには頭が下がる。

宮城県出身のI・Y君も地元の進学塾（週2回）に通っていた。彼は定期テストでの成績上位を目標にして直前に集中して勉強するタイプだったが、中学〜高校の6年間で英語・数学・国語の三教科とも少しずつ成績を上げて、最終的にはトップを手中にしている。まさしく「継続は力なり」を証明するがんばりぶりだ。

愛知県出身のT・H君も中学3年の夏以降に地元の進学塾に通った。野球の強豪校へ行って甲子園をめざすか、それとも地元の進学校（半田高校）から大学へ進んで野球をやるかを考え、後者に決めてがんばった。自分で立てた目標なので、その塾でも集中できたという。

通信添削で有名なZ会（増進会）の教室を利用したのは、東京学芸大附属中学〜高校出身のT・Mさんだ。中学3年から週4回（9月からは週5回）通っていたが、絵や小説を書いて友だちと批評しあうことに夢中で、部活（文芸部）で冊子をつくるという面もあった。ちょっと背伸

びして『戦争と平和』や『赤と黒』を読むという早熟ぶりも示している。
おなじ東京学芸大附属出身のM・K君も、中学3年からZ会の教室に通っている。先にもふれたが、その教室に掲示されるテストの順位をはげみにしたという。優等生ぞろいの学芸大附属内の評価だけでは客観的な学力の程度がつかめない、という理由もあるのかもしれない。
群馬県出身のY・Mさんも、中学3年の十月からZ会の教室（東京・お茶の水）に週1回通っている。地方の公立中学から都立の日比谷高校を受験するための準備だったようだ。かつての東大合格者数トップ校は、優秀な生徒をあつめて復活への道を歩んでいるらしい。
通信教育を利用したのは山形県出身のK・D君だ。父親が小学校教師、母親が高校の英語教師という環境下で順調に伸びていったようだ。小学生から始めた進研ゼミと英会話（週1回）を中学3年までつづけている。母親が進研ゼミの丸つけをしてくれたというから、K・D君を東大理Ⅲに現役合格させたのは、家族のもつパワーだったといっても過言ではない。
家庭教師をつけたのは宮崎県出身のF・S君だ。個人契約した先生に数学を週1回教えてもらう内容だったという。高校に入ってからも同じペースで教えてもらっているが、優秀な家庭教師を探せたのは、両親ともに小学校の教師であることが関係するのかもしれない。
一方、私立の中高一貫校の生徒は塾などをほとんど利用していない。一般に私立校は面倒見

第1章 苦手を克服するプロセスに成績上昇のカギがある

がいいし、生徒に多くの課題を与えて鍛えるので校外のシステムが不要なのだろう。

また、多くの塾では、春休み・夏休み・冬休みごとに特別講習を実施する。これを直近の学期の復習にあてるのも効果がある。欲ばりすぎるよりも、教科や分野をしぼって個別の苦手つぶしに活用するといい。塾のスケジュールを柱にすると勉強計画も立てやすくなる。

塾を利用する目的がはっきりしていれば、授業とのバランスが崩れることもないし、「やるのは自分だ！」ということを棚上げして、塾に過大な期待を寄せることもない。勉強は自分本位のやりかたでいいのだから、塾の利点をうまくとり入れるのも工夫のひとつだ。

くり返しておくと、自分の弱点をみつけて克服するため、自分の長所をもっと伸ばすため、もっと問題量をこなすため、などに目的をしぼりこむのが賢明なやりかただろう。

私立や国立の難関校を志望する場合は、それ向けの受験コースのある塾や予備校を利用すべきだろう。専門教師による特別な指導が欠かせないので、早期から準備してほしい。

気分転換と能率アップを実現するのも工夫しだい

中学時代に部活をやっていた東大生が多いが、彼らは勉強時間をキープすることに苦心して

いる。塾に通っている場合もそうで、時間に追われてばかりの一日といっても過言ではない。限られた時間内にやるべきことを消化して、翌日に備える大変さに苦労している。

まずは本書のまとめに協力した私たち研究会の主要メンバーをふくむ典型的な現役東大生をモデルにして、その中学時代の横顔（奮闘ぶりや懸命さなど）を紹介してみよう。

埼玉県出身のF・K君は、東京の私立海城中学まで自転車と電車、そして徒歩で合計70分の通学時間だった。部活は運動部系で、その日の帰宅は午後6時20分、部活のない日は午後3時50分に帰宅。夜10時には寝るという配分だった。家では宿題のみで、部活が禁止になるテストの一週間前から勉強している。気分転換は、やはり身体を動かすことだという。

高知県出身のK・S君は、私立の土佐中学まで自転車で10分、電車で30分、自転車で10分、合計50分が片道の通学時間だった。部活は運動部系で、帰宅するのは毎日午後8時30分、就寝は午後11時。日ごろは家で勉強せず、テスト前に追いつめられてギリギリになってやっていた。気分転換はマンガやゲーム、そしてスポーツだったが、『司馬遷『史記』も読んでいる。

群馬県出身のY・Mさんは、地元の公立中学まで自転車で15〜20分。部活は吹奏楽部でフルートを担当し、帰宅は午後6時〜6時30分。就寝は午後11時〜12時。部活がない期間は集中的

068

第1章 苦手を克服するプロセスに成績上昇のカギがある

に勉強していたという。気分転換はインターネット、音楽（BUMP OF CHICKEN）など。

神奈川県出身のS・Sさんは、私立の横浜共立学園中学まで徒歩と電車で50分。帰宅は午後4時30分〜6時30分。就寝は午後11時〜12時。テスト2週間前から計画表をつくり、テスト中は就寝が午後10時30分、起床が午前6時。部活はなし。気分転換は読書（ライトノベル）とピアノで、電撃文庫や西尾維新にはまったそうだ。

北海道から東京の学芸大附属に入学したT・Mさんは、学校まで電車と徒歩で40分、1〜2年の帰宅時間は午後6時。3年は塾に行くので午後9時。就寝は午後10時〜11時、課題があるときは午前2時。テスト準備は二週間前から予定を立てたが、気分転換が必要なほど勉強していないという。文芸部だったので読書が気分直しとなり、『彩雲国物語』などを読んだ。音楽はJ・POPをよく聴いた。

山口県出身のI・Kさんは、山口大学教育学部附属中学まで自転車で15分。部活はテニス部で、帰宅は午後7時、就寝は午後10時。テニス部で県大会に出るのが目標で、気分転換には好きなアーティストのCDを聴いたが、「ぼーっとしている」のも効果があったという。

宮崎県出身のF・S君は、学校まで自転車で30分。帰宅が午後7時で、就寝は午後11時。宿題に追われる毎日だったが、気分転換はゲーム、TVのお笑い番組（『エンタの神様』）、本屋めぐり、読書など。市川拓司や恩田陸の小説を読み、音楽はBUMP OF CHICKENを聴いた。

山形県出身のK・D君は、地元の公立中学まで自転車で10分。帰宅は午後7時、就寝は中1〜2は午後10時、中3は午後11時。気分転換はマンガ（『ワンピース』『ハンターハンター』）やゲームだが、早く寝ることもそのひとつ。

東京の桜蔭中学〜高校出身のM・Mさんは東大文Ⅲに進んでいるが、中学時代に勇気を出して、失敗してもいいから恋愛すればよかったと語る。そんな彼女は英語が抜群の成績で、数学が苦手。英語力のアップが国語力もアップさせるというのが時論。幼稚園からつづけたクラシックバレエを継続。大きな目標（＝大学合格）から逆算した目標が大事！　がモットー。

青森県出身で理Ⅰ合格のK・S君は地元の公立小学校〜中学出身で、本人いわく「学力はおそらく全国でも最低レベル」という。中学時代はスポーツでがんばったが、競馬（予想のみで馬券は買わない）や川釣りにも時間をさいた。校内テストや模試などで自分の位置が確認できるのがよかったという。早寝早起きで就寝は午後10時。TVは野球とバラエティ番組をみた。

東京の私立立教女学院で小学校から高校までの12年間を過ごしたF・Rさんは、中学の3年間は美術部に在籍し、夢中になった。毎年学内で配布されるカレンダーに作品が選ばれ、それも自信につながった。漫画『スラムダンク』を熟読。小6からの英語塾をずっと継続。

兵庫県出身のF・Y君は私立灘中学〜高校から東大理Ⅲに進んでいるが、親から「そんなゲ

第1章 苦手を克服するプロセスに成績上昇のカギがある

ームやっててていいの?」といわれるのが嫌だった。中学では野球部の主将。勉強計画では最終的な目標が必要になるので、東大レベルをめざすなら範囲を超える内容にも挑戦することを推奨する。国語が苦手。帰宅時間は午後7〜8時で、就寝時間は午後11〜12時。

埼玉出身のF・H君は東京の開成中学〜高校から東大文Ⅱに進んでいるが、「長期+短期」の勉強計画を立て、とことん時間をかけることを目標にしたという。「やるときはやる!という集中力が勉強そのもの」および「英語は暗唱! それが英作文に生きる」が口ぐせ。中学から高校までずっと部活はスポーツ系。

東京都出身のS・T君は私立芝中学〜高校から東大文Ⅱに進んでいる。中学の部活は陸上競技をやっていたが、勉強もがんばった。定期テストではクラス3位以内、10段階評価では8・5をクリアし、体力測定の1500メートル走では全校5位以内が目標だったという。生物実験では顕微鏡がうまく使えず、化学の実験ではビーカーをよく割ったという。

神奈川県出身のK・H君は私立浅野学園中学〜高校から東大理Ⅰに進んでいる。国語と数学はよくできたが、英語が苦手だった。中学時代は「いい点数をとって目立つ」ことをめざしていた。スポーツも得意。古文は漫画みたいなので好きで成績もよかった。漫画はジャンプ系全般をしっかり読んで楽しかったが、ピアノ練習を強制されるのが嫌だったという。

ここでわかるのは、部活でがんばるタイプは気持ちの核が強いし、部活そのものを気分転換にする傾向も見られることだ。部活をやっていないタイプも、目標達成のための努力を惜しまない。彼らに共通するのは、より自分を向上させたいと希求する度合いが強いことだ。

好きな音楽や読書の内容はやや片寄っているが、それは青春前期を思うさま味わっていたことの証拠だろう。つねに全力を出し切る——その躍動ぶりが目に浮かぶようだ。

自分らしさを発揮しようとするから懸命さが生まれ、その努力の量にふさわしい極上の結果がもたらされると考えたい。見習うべきなのは、自分本位を貫こうとする一途さだろう。

以下、各教科の成績を伸ばす最短のメソッドについて考えていこう。

第2章 英語の成績を伸ばす最短メソッドを教えよう

何を優先させると効率よく英語が身につくかを考えよう

4領域「聞く・話す・読む・書く」の意味合いを考えておこう

中学での英語は「聞く・話す・読む・書く」の4領域での能力の基礎を身につけ、①英語を通じて言語や文化に対する理解を深め、②積極的にコミュニケーションを図ろうとする態度を育成し、③4領域でのコミュニケーション能力を養う、などが学習目標とされる。

4領域とも「初歩的な英語」という限定付きで、聞いて話し手の意向などを理解できる、自分の考えなどを話すことができる、読んで書き手の意向などを理解できる、自分の考えなどを書くことができる、と説明されている（文科省『学習指導要領』平成20年告示より）。

英語を理解する力（＝読む・聞く）と英語を表現する力（＝書く・話す）を両方とも伸ばそうとする意図はわかる。しかし、学校のテストは「読む・書く」が中心だし、公立の高校入試もそうだ。小学校での英語も、音声面でのコミュニケーション（＝聞く・話す）への態度を育成するレベルなので、当面は「読む・書く」に偏重したテストが続行されると考えられる。

第2章 英語 英語の成績を伸ばす最短メソッドを教えよう

大学入試センター試験には「聞く(Listening)」テストが実施されるので、高校では必修になるが、それまでは「読む・書く」をメインにして、「聞く」はサブ扱いでもいい(公立高校入試にリスニングが導入され始めているが、授業のレベルを超えないので、特訓的な準備は不要だろう)。

「中学生に英語を教えるとしたら、まずは単語と文法に時間をかける。単語や熟語などを覚えさせ、文法(＝文の構造把握)を徹底させる。リスニングやコミュニケーションは後回し」と語るのは、愛知県の公立中学～県立半田高校から東大理Ⅲに進んだT・H君だ。

彼がすすめるのは、新出の単語や熟語などを覚えながら、仕組みを根本から理解していくやりかただ。「読む・書く」の両面で、一字一句もおろそかにしない本当の文法が身につくことを先行させるのだ。

英語には「習うより慣れよ(＝Practice makes perfect.)」ということわざがある。「練習を続ければ完璧になる」を意味するが、T・H君のほうは、反復練習をして「慣れる＝暗唱する」より先に、文法を日本語のアタマで「習う(＝理屈として理解する)」やりかたといえる。

これは、フィーリングで英語を「わかったつもり」になることへの警鐘でもある。

公立中学では〈文法だけの授業〉はしないケースが多かった。80年代に文法偏重の指導が見直され、英文和訳・英作文などをとおして文法を覚えるように改められたからだが、それが裏

目に出て、体系的な文法知識がないためのミスがふえる傾向もみられた（ただし、平成20年の『学習指導要領』により、関連のある文法事項はまとまりをもって指導する、と改められた）。

英語でのリスニングやコミュニケーションが大切なのはそのとおりだが、特有の言葉の決まり（＝文法）を理屈でわかってからでも遅くない、そうでないと不正確な英語になる——これがT・H君の真意だろう。また、理解したものは忘れにくいという事実もある。

彼は高校時にリスニングが苦手だったが、その対策として「文法がわかったうえで、CDを聴きながらシャドーイング（Shadowing）とディクテーション（Dictation）をくり返した」という。シャドーイングとは英語スピーチを聴きながら、ほぼ同時進行でそれを復唱すること。ディクテーションとは、その英語スピーチを手で素早く書きとることをいう。

一方、宮城県出身のI・Y君は「中学生に教えるとしたら、シャドーイングさせて、文法を完璧にさせる」と語っている。使っている教科書準拠のCDなどでシャドーイングに挑戦しながら、問題量をこなして文法知識の精度を高めていくのもわるくない。ちなみにI・Y君は、公立中学〜県立仙台第一高校から東大文Ⅲに進んでいる。

ところで、音読をくり返して英語感覚をつかんでいった東大生がじつに多い。つぎは授業の効果を高めるための予習・復習としての「音読」の効果について考えてみよう。

教科書の文章の音読によって英語感覚を身体に刻みこもう

英語は「とにかく音読を！」という東大生が多い。山形県出身のK・D君は「中学生に教えるとしたら、音読させてまず身体に染みこませたい」という。彼は小学6年から中学3年まで英会話（週1回）に通っていたが、「英語は音を聞くことが大事」というのが持論だ。

教科書を暗記できるくらい音読する——これがすごい効果をもたらす。

音読することのよさは脳科学でも実証されている。音読すると、脳の前方部（＝おでこ）にあって高次の脳活動をつかさどる前頭前野が活発にはたらくという。前頭前野は脳の司令塔にあたるので、ここをはたらかせると「頭がよくなる」効果があるといわれる。

人間は、見たり、聞いたり、さわったりという末梢の感覚器官から外界の情報をとり入れ、その価値を見きわめて統合し、何をするかを決めて、脳の運動部に命令を出すのは前頭前野だという。そのため、頭のいい人の前頭前野はよくはたらくのだそうだ。

おなじ音読でも、日本語と英語では活性化する場所が少しちがうという、目から情報をとり入れ、声に出して読む、その声を自分の耳で聴くという回路なので、前頭前野をふくむ脳の多くの場所が、しかも同時に、活発にはたらく。これをくり返すと文章が覚えられるし、脳の

ウォーミングアップにもなるので、直後には判断力や記憶力がアップするという。

つまり、予習と復習は音読からスタートすればいいことがわかる。

埼玉県出身のA・S君は、小学6年の1月～3月に大手塾で音読の指導（週2回）を受けている。そのせいで「中学の授業にスムーズに入っていけた」という。それからは「予習でも復習でも音読する」やりかたを通したという。彼は公立中学～県立浦和高校から東大理Ⅱに進んでいるが、高校でも「音読しまくった」ともいう。

山口県出身のI・Kさんも「中学生に教えるとしたら、教科書を毎日くり返し音読させ、単語も毎日書いて覚えさせる」という。彼女は山口大附属小学校～附属中学～県立山口高校から東大文Ⅲに進んでいるが、高校では「中学の頃からの音読のつみ重ねによって自然に身についた」ので「読む・書く・聞く」がすべて得意になったというから心強い。

つまり、教科書を丸ごと覚えてしまえばいいのだ。暗唱とは（書いたものを見ないで）覚えていることを口に出してとなえることだが、音読を何度もくり返すうちに暗唱できるようになる。そうすると、文の構造も正しくつかめるようになる。

根気よくやれば必ずできる。

「教科書を暗記するといい。テスト問題は教科書の文の単語を変えている程度なので、覚えてしまえば簡単だ」と語るのは、神奈川県出身のM・K君だ。彼は公立中学～国立の東京学芸大

078

第2章 英語　英語の成績を伸ばす最短メソッドを教えよう

文の構造＝5文型は理屈として「わかる」を徹底させよう

附属中学〜高校から東大理Ⅰに進んでいるが、「英語は耳と口で覚える」が持論だ。

もちろん、耳と口のほかに手も活用すべきだろう。単語を書けるようにするには、発音をくり返しながら、手で何度も書く以外に方法はない。そのほうが脳のいろいろな場所がはたらくので覚えやすくなるし、身体動作をともなった記憶は忘れにくくなるからだ。

また、NHKラジオ『基礎英語』を聴くのも効果がある。

市販のテキストをもとに、英語を母国語とするネイティブ（native）の発声を聴いて、復唱するスタイルの番組だ。一回が15分と短く、質も高いので導入期に適切とされる。

私立の中高一貫校では、入学したての中1生にNHKラジオ『基礎英語』を必聴にしているところが多い。それと並行して授業で文法を教えるので効果は高いようだが、君たちも予習・復習の音読やその他の課題をこなして、さらに余裕があるなら試してみるのもいい。

フィーリング（＝感覚）で英語をわかったつもりになるのはなぜ危険かというと、文の構造や熟語などの「わかりかた」があいまいになるからだ。ネイティブ風にこだわるのはいいとして

も、英語の仕組みは日本語による理屈として「わかる」にすることが大切なのだ。なぜかというと、英語と日本語では文の仕組みがちがうからだ。その「ちがい」を理解しないまま暗記に走っても、なかなか覚えられないし、いざ覚えてもすぐ忘れてしまう。

東京出身のN・Y君は英語専門の塾に通ったが、「中学から5文型などを体系的に学べるのでよかった」と語る。君たちに教える場合は、「文の構造の理解ではあいまいさを排除し、すべての語の役割を理解させたい」という。彼は公立小学校〜国立の筑波大附属駒場中学〜高校から理Ⅰへ進んでいるが、学校の方針で予習はせず、復習で英文を暗唱したという。

先のほうで、公立中学では一時期《文法だけの授業》をしなかったことにふれたが、文の構造＝5文型を扱わないこともあったらしい。それでは、なぜこの語順なのか、なぜこの時制なのか、などの疑問が自力で解決できなくなってしまう。

以下、5文型（＝文構造）について「理屈にこだわって」考えてみよう。

英文は、主語（Subject）を「頭」、述語動詞（Verb）を「胴の骨」、目的語（Object）・補語（Complement）を「手足の骨」、修飾語句（Modifier）を「筋肉」とみなすことができる。

目的語とは述語動詞のあらわす動作の対象となる語で、名詞・代名詞などがくる。補語とは述語動詞の意味をおぎなう語で、名詞・代名詞・形容詞などがくる。

第2章 英語 英語の成績を伸ばす最短メソッドを教えよう

この主語、述語動詞、目的語、補語＝略してS、V、O、Cを文の主要素という。修飾語句＝略してMは4つの主要素にかかって、いろいろな意味を付け加える。そして英文を「文の主要素」を用いて分類すると、5つの文型に分けることができる。

❶ 第1文型→S＋V（SがVする）

She went to library yesterday.「彼女は昨日図書館へ行った」
There **is** an **apple** on the table.「テーブルの上にリンゴがある」

❷ 第2文型→S＋V＋C（SがCである・SがCになる・SがCのようだ）

He is a very kind boy.「彼はとても親切な少年だ」＝状態
She will become a doctor.「彼女は医者になるつもりだ」＝変化
You look very *pale*. 印象・判断＝「顔色がとても悪くみえるよ」＝lookは知覚動詞

❸ 第3文型→S＋V＋O（SがOをVする）

Kenji keeps a **diary**.「ケンジは日記をつけている」

He found his lost **book** there. 「彼はなくした本をそこで見つけた」

❹ 第4文型→S+V+O₁+O₂（SがO₁にO₂をVする　O₁≠O₂の関係）

Mr. **Tanaka teaches** us **English.** 「田中先生は私たちに英語を教える」
He **gave** me a **watch.** 「彼は私に時計をくれた」
I **found** her an interesting **book.** 「私は彼女におもしろい本を見つけてあげた」

❺ 第5文型→S+V+O+C（SはOがCであるようにVする　O=Cの関係）

They **named** their **son** *Robert*. 「彼らは息子をロバートと名づけた」＝命名
She **made** her **daughter** a *pianist*. 「彼女は娘をピアニストにした」＝変化
She **kept** the **window** *open*. 「彼女は窓を開けておいた」＝状態
I **think her** very *kind*. 「私は彼女がとても親切だと思う」＝判断
He **wants me** to *leave*. 「彼は私がいないほうがいいと思っている」＝補語がto不定詞
I **told him** not *to go*. 「私は彼に行くなといった」＝補語がto不定詞

＊ tell, want, ask, advice, expect などの動詞は目的格補語（C）にto不定詞をとる

第2章 英語　英語の成績を伸ばす最短メソッドを教えよう

文を分解して主要素それぞれの役割を明確にさせよう

第1文型と第2文型は目的語（O）をともなわない文の構造で、動詞（V）は自動詞となる。ちなみに目的語をもたない動詞を自動詞といい、目的語をもつ動詞を他動詞という。

第1文型の動詞（V）は補語（C）がいらない完全自動詞「go, come, arrive, live, stand, sit, swim」などが用いられ、単独で意味が通じる。

第2文型の動詞（V）は補語（C）がないと意味が通じない不完全自動詞が用いられ、「〜

→主語＋want など＋目的語＋to 不定詞の形。

以上だ。

（ア）**I saw her** *running* in the rain.「私は彼女が雨の中を走っているのを見た」
（イ）**I felt my shoulder** *caught* by someone.「私は肩が誰かにつかまれるのを感じた」
（ウ）**I made them** *go* there.「私は彼らをそこへ行かせた」

＊（ア）の running は現在分詞、（イ）の caught は過去分詞、（ウ）の go は原形不定詞（動詞の原形）なので範囲外（高校で学習する内容）とされる。

である」系の「be, keep, remain」など、「～になる」系の「come, become, turn, get, go, grow」など、「～のようだ」系の「look, seem, appear, taste, sound」など3つの系統に分かれる。また、補語は主語とイコールの関係にあり、主格補語と呼ばれる。

第3文型は補語（C）がなく、目的語（O）を1つともなう完全他動詞「make, find, buy, take, catch, see」などが用いられ、その種類はかなり多い。

第4文型も補語（C）がなく、間接目的語（O_1）と直接目的語（O_2）をともなう授与動詞（make, take, teach, buy, tell, send, pay）などが用いられる。

第5文型は間接目的語（O）と補語（C）をともなう不完全他動詞が用いられ、補語は目的語とイコールの関係にあるので目的格補語と呼ばれる。その目的格補語が名詞・形容詞のときが範囲内で、目的格補語が現在分詞・過去分詞・原形不定詞（動詞の原形）のときは範囲外（ただし、一部の私立や国立の高校入試では出題されるので、進学塾などで特訓する必要がある）。

これらをフィーリングだけで覚えるのはムリだろう。どこにも穴のない文法知識を身につけるには、日本語的な「アタマ＝理屈」で理解しながら、例文を覚えていくしかない。

その他の文の構造には、

第2章 英語の成績を伸ばす最短メソッドを教えよう

- There＋be動詞＋〜の形
  There is a dictionary on the desk.「机の上に辞書がある」
- It＋be動詞＋〜（＋for〜）＋to不定詞の形
  It is important *for* you *to choose* good books.「よい本を選ぶことは大切なことだ」

などがある。

その他の文法事項には、単文・重文・複文、肯定および否定の平叙文、肯定および否定の命令文、動詞で始まる疑問文、助動詞で始まる疑問文、疑問詞で始まる疑問文、代名詞、動詞の時制、形容詞および副詞の比較変化、to不定詞、動名詞、現在分詞および過去分詞の形容詞としての用法、受け身などがある。

英文は1つ1つの単語のつながりだが、「主語＋述語」「動詞＋名詞」「冠詞＋名詞」などのワク組みでとらえると、その意味がつかめる。新しい文法事項が出てくるたびに、細かく分解して理屈で「わかる」を達成して、例文を暗唱する。英語はこれをくり返すのみ。

また、「他と比べる＋例外を区別する」ことで整理するのも有効だ。

「英語は続ければ必ず伸びるので、コツコツを持続できるよう努力すること」と語るのは、埼

玉県の公立中学〜私立海城中学〜高校から東大文Ⅲに進んだF・K君だ。文法はやれば必ずわかるようになるので、ムリせず、根気よく、つみ重ねていってほしい。

単語・熟語・慣用表現・構文などは例文とともに覚える

辞書を引くのは面倒でも、辞書を「読む」のは楽しい。ひとつの単語を引いて、使われかたを例文で確かめると、「なるほど！」と合点がいくことがある。単語の類似語や派生語、対義語などを探したり、熟語の使われかたのちがいを調べたりするのもおもしろい。

文法を覚えるときに「他と比べる＋例外を区別する」やりかたが有効なのとおなじで、単語や熟語、構文なども、対比して「ちがい」を確認しながら覚えると忘れにくい。もちろん声を出して、スペルミスしないで書けるようになるまで、手を動かすのもコツのひとつだ。

市販の単語帳などを頭から覚えていくのは効率がわるい。教科書の文を暗記したうえで、辞書に載っている例文を読んで、そのなかの単語を暗唱できるようにするとムダがない。

愛知県出身のI・Y君は「中学から単語を全然覚えていなかったので、高校で成績が急落した」という。公立中学〜県立刈谷高校から東大理Ⅰに進んでいるが、高校2年からは解いた問

第2章 英語の成績を伸ばす最短メソッドを教えよう

題文中のわからない単語を小ノートにまとめて暗記し、成績の急上昇を実現したという。

形容詞は名詞を修飾し（限定用法）、文の補語にもなるが（叙述用法）、まず「形容詞＋名詞」のセットで覚え、ついでに形容詞の語尾に-lyをつけて作るものが多い副詞もチェックする。副詞は名詞以外の語句を修飾するので、「対比」しながら覚えるといい。たとえば、

＊Keiko is a **pretty** girl.「ケイコは愛らしい娘だ」＝形容詞
It is **pretty** cold today.「今日はかなり寒い」＝副詞
Yukari is **prettily** dressed.「ユカリはきれいに服を着ている」＝副詞
＊He is a **hard** worker.「彼は勤勉な人だ」＝形容詞
He works **hard.**「彼は一生懸命働いている」＝副詞
He **hardly** works.「彼はほとんど働かない」＝副詞

こうして比べると実際に「使える＝役に立つ」覚えかたができるので、文法問題はもちろんのこと、英文和訳から英作文まで、幅の広い応用力がつくのはまちがいない。

中学3年までに覚えるべき不規則動詞は60数語だが、教科書の巻末付録やまとめを活用して、

できるだけ早期に、教科書の本文のなかで覚えてしまうとムリがない。また、基本動詞と呼ばれる（ask, go, have, help, keep, make, put, run, see, set, stand, take, tell, turn ＝ 16語程度）などの用法をマークしておく。たとえば、

* **I made** a model ship for him.「私は彼に模型の船を作ってやった」＝作る
* **I made** him a model ship.「私は彼に模型の船を作ってやった」＝〜に作ってやる
* Mary **makes** bed for me.「メアリーが私のベッドを準備してくれる」＝〜を用意する
* They **made** her chairman.「彼らは彼女を議長にした」＝〜を〜にする
* He will **make** a fine teacher.「彼は立派な教師になるだろう」＝〜になる
* The ship **makes** for the west.「その船は西へ進む」＝〜のほうへ進む

などの用法があり、それぞれ意味がちがう。また、動詞は前置詞や副詞などと結びついてさまざまな熟語をつくる。たとえば make では、

* We **make** butter *from* milk.「ミルクからバターを作る」＝素材の質が変わる

第2章 英語 英語の成績を伸ばす最短メソッドを教えよう

＊This floor is **made** of wood.「この床は木でできている」＝素材の質が不変
＊She **made** the strawberries *into* jam.「彼女はイチゴでジャムを作った」＝素材を加工

などが代表例だろう。他にも make use of ～＝「～を利用する」、make fun of ～＝「～をからかう」、make a fool of ～＝「～を笑いものにする」、make friends with ～＝「～と友だちになる」、make a mistake＝「まちがえる」、make a noise＝「さわぐ」、make a speech＝「スピーチをする」なども、英文和訳や穴うめ問題としてよく出題される。

熟語は、①be動詞に導かれるもの、②前置詞句（前置詞＋名詞）になるもの、③その他、に分けて整理する。別の表現に書き換える問題がよく出されるが、元の文と書き換えた文の両方を覚えてしまうこと。対比しながら「Aの文↓Bの文」「Aの文↑Bの文」が自在にできるまで「音読＋手で書く」をくり返しておくと、テストでの高得点が約束される。

構文は（意味をもとにして）、①目的・結果を表す、②譲歩・強調・省略・条件などを表す、③否定を表す、④時間を表す、⑤比較を表す、などに分かれる。決まりの文の組み立てを覚えればいいのだが、書き換えられるものは両方を「対比」しながら頭に入れたい。

慣用表現とは習慣的によく使われる語句のことで、イディオム (idiom) などをいう。狭い意

味では熟語もそうだが、「動詞＋副詞」「動詞＋前置詞」「動詞＋名詞＋前置詞」「動詞＋名詞」など、動詞を使う表現を押さえておきたい。たとえば、

* 動詞＋副詞→break down「故障する」、break out「突発する」、give up「あきらめる」、fall down「倒れる」、come back「戻ってくる」。
* 動詞＋前置詞→believe in A「Aをよいと信じる」、belong to A「Aに属する」、grow up「成長する」、fail in A「Aに失敗する」、hear from A「Aから便りをもらう」、hear of A「Aの噂を聞く」。
* 動詞＋名詞＋前置詞→add A to B「AにBを加える」、prefer A to B「BよりAが好き」。
* 動詞＋名詞→catch cold「かぜをひく」、do good「善をなす」など。

以上、何を優先させると効率がよくなるかを考えてみた。中学時代は、高校で飛躍するための下地づくりの時期でもある。だからこそ、基礎の文法知識に穴があってはいけない。

第2章 英語 英語の成績を伸ばす最短メソッドを教えよう

基礎文法を重視して穴のない英語力をめざそう

「予習＋授業＋復習」に対応したノートを工夫してみよう

予習は教科書本文の音読から始めるといい。新出の単語や熟語などには発音記号や訳が付いているので、それを手がかりにして、内容を大ざっぱにつかむことを優先させる。二度、三度と音読するうちに、「なめらかに読めない部分＝わからない部分」がしぼられてくる。

これが予習をする効果のひとつだ。新しい文法事項が出てくると、なぜ？　という疑問のためスムーズに読めない。その「わからない部分」を授業中に解決するのが課題となる。

たとえば現在完了形は「have (has) ＋過去分詞」の形を使い、過去から現在まである状態が続いていることを表す（中3の内容）が、初見だとうまく発音できないことが多い。解説してある教科書もあるが、ともかく先生の説明を聞かないことには理解がすすまない。

また、授業への準備として教科書をコピーしてノートに貼る、あるいは本文をノートに写しておくのもいい。余裕があれば、辞書を引いて単語や熟語の意味を調べるのもいい。どこまで

やっておくかは先生の指示にもよるが、当初は予習よりも復習に力を入れるほうがいい。その「わからない部分」がなぜ重要なのかがつかめないままだと、ムダが多くなるからだ。

辞書は学校で推薦されたもので十分なので、それを活用すること。

ノートは、教科書の本文を精読するためのものと位置づけたい。英文に特有の語順を分解して1語ずつの役割を正確につかみ、理屈として「わかる」ことをめざせばいい。

手で写すときはノートの横罫の幅が広いものを選ぶ。ノートを見開きにして、左ページに教科書の本文を写し、右ページに日本語訳を書く形式が一般的だ。さらに工夫を加えて、見開きにした左右の上段に単語や文法事項をまとめるのもいいし、見開きの両方の内側を空けておいて、授業中にその空白部に説明や文法事項などをメモしていくのもいい。

コピーを貼るときも、必ず空白をつくっておくこと。自分がわかればいいのだから、先生の説明などはマンガの吹き出しのように線で囲ったり、小イラストを描いたり、各色のマーカーを使い分けたりして、その授業のシーンがすぐ思い出せるようにするのも有効だ。

ともかくノートは余白をたっぷりとっておくこと。授業中に書きこむし、復習時にも書きこむ必要があるからだ。書きこみすぎて余白がなくなったときは、別紙を貼るのもいい。

こうして授業に集中し、大切なところは赤字などで記入しておく。

第2章 英語 英語の成績を伸ばす最短メソッドを教えよう

「ノートの左にコピーを貼り、右に和訳しておく。それを授業中に赤ペンで修正していった」と語るのは大阪府出身のO・T君。彼は私立灘中学～高校から東大文Ⅲに進んでいる。

復習は、やはり音読から始める。文法の解説や発音やイントネーションなどの注意がされたはずなので、スムーズに読めるだろう。三回ほど音読して脳のウォーミングアップを終えたところで、教科書の「暗唱＋筆記」によって本文や例文を覚えることをめざす。

流れとして、「教科書の本文→教科書の問題→先生のプリントなど→問題集（＝基本から応用へ）」の順に問題を解いていく。復習では「すべてを完璧にする」ことを目標にする。文法での不明なところを放置しないで、ともかく自分で「わかる」にして前進していく。

たとえば、つぎの例文の to のあとに hearing がくるのはなぜか→その理由は？

（例文）We **are looking forward to** *hearing* from you.「君からの便りを待っている」
（疑問）→なぜ hear（動詞）ではなく、動名詞 hearing（動名詞）なのか？
（理由）→to が前置詞だから（前置詞のあとにくるのは名詞・動名詞）
＊例　○I am fond of cooking.　×I am fond of to cook.（of が前置詞だから）

書き換え問題を解いて文法知識を確実にしよう 1

中学の英語は文法を押さえれば、ほぼ大丈夫だと考えてもいい。ただし、最初から理屈だけを覚えようとすると大変なので、書き換え問題などを解きながら知識を固めていくこと。以下で、重要な項目にしぼって、文の構造のちがい(=対比・例外)を考えていこう。

などと考えるやりかたがいい。先生の説明をしっかり聞いて、自分のアタマで理解してから覚えるほうが忘れにくいし、文法問題を解くことにも強くなれるはずだ。

❶ 命令文と助動詞の書き換え→命令文の内容は助動詞を用いて表すことができる

* **Wash** your face before you have breakfast. →朝食の前に顔を洗いなさい
→ **You must** *wash* your face before you have breakfast.
→ **I want you to** *wash* your face before you have breakfast.
→ **I would like you to** *wash* your face before you have breakfast. (ていねいな表現)

* **Don't** *run* in this waiting room. →「この待合室で走ってはいけない」

東大生が教えるノート術　1 英語篇

Tomomi's family has been in Paris for two years.
知美の一家は パリに（ずっと）いる。　　　　　　　　2年間

They have lived on the top floor of a building
彼らは（ずっと）住んでいる。　建物の 最上階に

near the Eiffel Tower in Paris.　Paris is a city
近くの　エッフェル塔の　パリの　　パリは 都市だ。

Japanese artists want to visit.　Tomomi's sister
日本人の芸術家たちが訪れたいと思う　　知美の　姉の

kana is a student of a famous music school in Paris.
加奈は　　生徒だ。　ある有名な　音楽学校の　　パリにある

Tomomi's family decided to have a family concert
知美の一家は　　　決めた。　家族のコンサートを開くことを

at their home on Mother's Day.
自分たちの家で　母の日に

So her family practiced together after dinner
それで一家は　　いっしょに練習した。　　夕食の後で

every evening.
毎晩

At last, Mother's Day came!　After the dinner
ついに　母の日がやってきた。　夕食のあと

the family concert began.
家族のコンサートが　始まった。

The first players were Tomomi and her father.
最初の演奏者は　　　知美とお父さん　だった。

They played violins.
二人はバイオリンを弾いた。

She wore a blue dress made by her mother for
彼女は青いドレスを着ていた。　　お母さんが仕立ててくれた

the cocert.　　　※重要な構文や熟語・語句には赤線を引いて
このコンサートのために　　目立つようにする

→ **You must not** *run* in this waiting room.

→ **I want you not to** *run* in this waiting room.

→ **I would like you not to** *run* in this waiting room. (ていねいな表現)

＊**Please** *open* the window for me? →「窓を開けてくれませんか」

→ **Will you** *open* the window for me? (＝**Would you** *open* 〜?)

→ **Will you please** *open* the window for me? (＝**Would you please** *open* 〜?)

→ **Do you mind** *opening* the window for me? (＝**Would you mind** *opening* 〜?)

❷ 命令文＋and/or の書き換え→ifやunlessを用いて書き換えられる

＊**Hurry** up, **and** you will catch the bus. →「急げ、そうすればバスに間に合うよ」

→ **If** you hurry up, you can catch the bus.

＊**Hurry** up, **or** you will miss the bus. →「急げ、そうしないとバスに遅れるよ」

→ **Unless** you hurry up, you will miss the bus.

❸ 比較の書き換え→原級・比較級・最上級を用いる表現をおなじ内容の別の文に

第2章 英語　英語の成績を伸ばす最短メソッドを教えよう

* I am **older** than you. →「私はあなたより年上だ」
  → I am **not as [so]** young **as** you. →「あなたは私より若くない」＝対義語
  → You are **younger** than I. →「あなたは私より若い」
* I like English **better than** math. →「数学より英語のほうが好きだ」
  → I **prefer** English **to** math. →「数学より英語のほうが好きだ」
  → I don't like math **as much as** English. →「英語とおなじほど数学が好きではない」
* He swims **fastest** of all boys in his class. →「クラスで一番速い泳者だ」
  → He is **the fastest** swimmer of all boys in his class.
  → He swims **faster than** any other boy in his class. (any otherの後では単数形)
  → No boy in his class swims **faster than** he. (noの後では単数形)
  → No boy in his class swims **as fast as** he.
* She *sings* (the) **best** in her class. →「クラスで一番上手に歌う」
  → She is **the best** *singer* in her class. →「クラスで一番上手な歌い手だ」
* This garden **is larger than** mine. →「この庭は私のよりも大きい」
  → My garden is **smaller than** this one. →「私の庭はこの庭より小さい」

書き換え問題を解いて文法知識を確実にしよう 2

このような書き換えは教科書の練習問題などでおなじみのはずだが、どこかの時点でまとめて整理しておくといい。「対比」にこだわって、そのちがいを理解すること。

❹ 助動詞と不定詞の書き換え→助動詞は可能・義務・推量などを表す

＊You must ～ ＝You have to ～→「あなたは～しなければならない」＝義務
　＝It is necessary for you to ～→「あなたには～することが必要だ」

＊You don't have to ～ ＝You don't need to ～→「あなたは～しなくてもいい」＝不必要
　＝You need not ～ ＝You don't need to ～→「あなたは～する必要がない」
　＝It is not necessary for you to ～→「あなたには～することは必要ではない」

＊You can ～ ＝You are able to ～→「あなたは～することができる」＝可能
　＝It is possible for you to ～→「あなたにとって～することは可能だ」

＊You can not ～ ＝You are not able to ～→「あなたは～することができない」＝不可能
　＝It is not possible for you to ～→「あなたにとって～することは可能ではない」

= It is impossible for you to ～「あなたにとって～することは不可能だ」
* Will you ～? = Would you ～?→「～してくれませんか・～してくださいませんか」＝依頼
= I want you to ～「私はあなたに～してもらいたい」
= I would like you to ～→「私はあなたに～していただきたいのですが」
* Shall I ～?→「～しましょうか」＝申し出
= Do you want me to ～?→「私に～してほしいですか」
= Would you like me to ～?→「私に～してほしいとお考えですか」
* You had better ～→「～したほうがいいよ」
= I advise you to ～→「私はあなたに～するよう忠告する」＝助言
= It would be better for you to ～→「～したほうがいいですよ」

❺ 能動態と受動態の書き換え→特殊なものを覚えてしまおう

* *They* speak Spanish in Chile.→「チリではスペイン語が話されている」
→Spanish is spoken in Chile.→（不特定多数の主語we、you、theyは省略される）
* *They* sell wine at that store.→「あの店ではワインを売っている」

形容詞と副詞の原級・比較級・最上級を用いた慣用表現

◎ 比較級＋than any other＋単数名詞：
Nothing (no＋単数名詞) ＋than～

Mt. Fuji is higher **than any other** mountain in Japan. (…ほど～なものはない)
No mountain in Japan is higher **than** Mt.Fuji. (同上：富士山ほど高い山はない)

◎ 比較級を用いる表現

I like baseball **better than** soccer. (私はサッカーより野球が好きだ)
This desk is **much heavier than** that. (この机はあれよりずっと重い)
She got up an hour earlier **than** he. (彼女は彼より1時間早く起きた)
It is getting **darker and darker** in this room. (この部屋はだんだん暗くなっている)

◎ 最上級を用いる表現

I like swim (**the**) **best** of all sports. (すべてのスポーツで水泳が一番好きです)
Kitadake is **the second highest** mountain in Japan. (北岳は日本で2番目に高い山です)

◎ no more than ～：not more than ～
no less than ～：not less than ～

I have **no more than** (=only) 100yen now. (いま百円しかもっていない)
I have **not more than** (=at most) 100yen now. (いま百円ももっていない)
I paid **no less than** (=as much as) 10,000yen. (1万円も支払った)
I paid **not less than** (=at least) 10,000yen. (少なくとも1万円は支払った)

第2章 英語 英語の成績を伸ばす最短メソッドを教えよう

◎ as＋原級＋as … 「…と同じくらい ～」
　否定形 not as＋原級＋as …

My mother is **as** tall **as** I. （母は私と同じくらいの背の高さだ）
She is **not as**（**so**）tall **as** I. （彼女は私ほど背が高くない：最初のasをsoにしてもいい）
I have **as much** money **as** you. （私はあなたと同じくらいお金をもっている）

◎ twice [three times, half] as＋原級＋as A「Aの2倍[3倍、半分]の～」

She room is **twice as** large **as** mine. （彼女の部屋は私のより2倍も広い）
This room is about **three times as** large **as** mine. （この部屋は私の部屋のほぼ3倍の広さだ）
This tree is **half as** tall **as** that one. （この木はあの木の半分の高さだ）

◎ as＋原級＋as any＋単数名詞
　→Nothing（No＋単数名詞）＋as（so）＋原級＋as…

He is **as** tall **as any** boy in his class. 　→**No** boy in his class is **as** tall **as** he. 　→最上級　He is **the tallest** boy in his class. （クラスで彼ほど背の高い少年はいない）

◎ as ＋原級＋ as A can
　→ as ～ as possible : as ＋原級＋ as ever

He ran **as** fast **as** he could. 　→ He ran **as** fast **as** possible.（できるかぎり速く走った）
He is **as** kind to me **as** ever. （彼は相変わらず私に親切だ）

→Wine is sold at that store. →（不特定多数の主語 we, you, they は省略される）

*Nancy gave *me a watch*. →「ナンシーが時計をくれた」＝SVO₁O₂の型
→○ *A watch* was given to me by Nancy. →（O₂は watch）
→○ I was given *a watch* by Nancy. →（Õ は me）

*We call *the dog Toby*. →「私たちはそのイヌをトビーと呼ぶ」＝SVOCの型
→○ *The dog* is called *Toby* (by us).
×*Toby* is called the dog (by us).

❻ 現在完了を用いた書き換え→意味はおなじだがニュアンスが微妙にちがう

*She **died** three years *ago*. →「彼女は3年前に死んだ」
→She **has been died** *for three years*. →「彼女は死んでから3年になる」
→*It is* three years *since* she **died**. ＝*It* **has been** three years *since* she **died**.
→*It is* three years *since* her **death**. ＝*It* **has been** three years *since* her **death**.
→Three years have passed *since* she **died**. →「死んでから3年が経過している」
→Three years have passed *since* her **death**. →「彼女の死から3年が経過している」

第2章 英語 英語の成績を伸ばす最短メソッドを教えよう

などだが、これらは一部なので、問題集を一冊こなして全体をつかむといい。

また、ある特定の動詞は、目的語が動名詞か不定詞かによって意味がちがってくる。動名詞が「過去・現実志向」なのに対し、不定詞が「未来志向」であることによるものだ。

* **I remember posting** your letter. →「あなたの手紙を出したことを覚えている」
 →Please **remember to post** this letter. →「忘れずにこの手紙を出してください」

* She **stopped smoking**. →「彼女はタバコを吸うのをやめた」
 →She **stopped to smoke**. →「彼女はタバコを吸うために立ち止まった」

その他、forget, try, stop などの動詞も意味が変わる。

また、つぎの太字の語は副詞で、そのものが「前置詞+名詞」のはたらきをする。そのため、「～へ」「～で」「～に」を表す前置詞（to, on, in, at など）が不要になる。

* ○ I want to go **abroad**. →「外国へ行きたい」 ×I want to go to **abroad**.
* go **home** →「家に帰る」 go **there** →「そこへ行く」 go **upstairs** →「上の階へ行く」

覚えておきたい基本的な熟語 1

I'm **certain of** her recovery.
(私は彼女が回復するものと信じている)

＊He **is certain to** win.
(私は彼が勝つと信じている＝I **am certain of** his winning.)

He **is** very **fond of** dogs.
(彼は犬が大好きだ)

I'm **sure of** her coming tomorrow.
(私は彼女が明日きっと来ると思う)

＊She is sure to come tomorrow.
(彼女は明日きっと来ると(私は)思う)

I **was conscious of** his innocence.
(私は彼が無罪であることに気づいていた)

His heart **was full of** joy.
(彼の胸は喜びにあふれていた)

She **is proud of** his son.
(彼女は自分の息子を自慢にしている)

We **are short of** water.
(私たちには水が不足している)

We **are sick of** his lectures.
(私たちは彼の講義にあきあきしている)

I'm **tired of** his complaints.
(彼の不平不満にうんざりしている)

＊I **was tired with** the long walk.
(長い間歩いたので疲れた)

She **is good at** speaking English.
(彼女は英語を話すのがじょうずだ)

I **was** much **surprised at** the news.
(その知らせには驚いた)

第2章 英語 英語の成績を伸ばす最短メソッドを教えよう

◎ be動詞に導かれる熟語 1

She **is able to** speak four languages.
(彼女は4か国語を話せる)

The sun **is about to** rise from the sea.
(太陽が海から昇ろうとしている)

He **is eager to** succeed.
(彼はうまくいくよう強く願っている)

He **is likely to** live to ninety.
(彼は90歳まで生きられそうだ:予想や可能性を表す)
 ＊It **is likely to** rain. (雨が降りそうだ)
  → It **is apt to** rain. (雨が降りがちだ=降りそうだ:傾向を表す)

They **are** always **ready to** help me.
(彼らはいつも喜んで私を援助してくれる)

Are you **ready to** go? (出かける用意はできましたか)
 ＊**Are** you **ready for** this?
  (いいかい、心づもりして聞いてくれよ)

If you ask me, I will **be willing to** help you.
(君が頼むなら喜んでお手伝いします)

She **is afraid of** her own shadow.
(彼女は自分の影におびえている)
 ＊Parents **are afraid for** their daughter.
  (両親は娘を気づかっている)

You should **be ashamed** of yourself.
(少しは恥を知りなさい)

I **was** not **aware**(**of**) how dangerous it was.
(私はそれがどれほど危険かわかっていなかった)

The train **is capable of** 300 kilometers per hour.
(その列車は時速300キロで走行できる)

Be careful of those steps. (階段に気をつけなさい)

などもそうだ。これらは「例外」として覚えるといい。

以上、理屈として覚えるといいものの一部を検討したが、それらは「対比」すると理解しやすいもの、「例外」をチェックすると理解しやすいものでもある。英語の「読み・書き」は文法で分解すれば大丈夫なので、1語もおろそかにしないことが大切になる。

「読む→文法で分解する」とみなして基礎を固めよう

文法を理解したうえで音読すると、なめらかに読めることに気づくはずだ。発音にしろ文法事項にしろ、納得がいかないと意外に口は動かないものなので、口に出すと苦手なところをつかむことができる。そこを何度も音読して、例文ごと暗記するのがベストだろう。

文法をわかったつもりでいても、音読でつまずくことがある。それは文法知識のどこかに穴がある証拠なので、前にもどって文の構造での約束を復習しないといけない。

「文法は1つの分野も飛ばさずに、問題を解いて根気よく覚えるようにする。とくに5文型や構文（文の組み立て）、単語や熟語などをていねいに覚えるといい」と語るのは、神奈川県出身のA・K君だ。彼は、私立の浅野中学〜高校から東大文Ⅱに進んでいるが、教科書や問題集な

第2章 英語 英語の成績を伸ばす最短メソッドを教えよう

どの例文を暗記すると「使える＝応用できる」知識になるという。

文法を解説している教科書や先生のプリントなどをじっくり読みこみ、理解すること。そして例文を、日本語訳だけを見て英文を書けるようにすると、もう実力はついている。文法の例文を、日本語訳を暗唱して、それが得意になって、自然に口から出てくるまで何度もくり返す。

神奈川県出身のS・Sさんも、「文法をふくめて英語は〈なんとなく〉で理解せず、他人にうまく説明できるくらいまで理解することが大切だ」と語っている。私立の横浜共立学園中学～高校から東大文Ⅲに進んでいるが、教科書の長文を音読するのが日課だったという。

フィーリング（＝感覚）による英語とは異なるやりかたが有効なのだ。

高校入試レベルの英文は「短文＋短文」で成り立っているので、短文の単語それぞれの品詞を理解して、主語（S）、述語動詞（V）、目的語（O）、補語（C）に分解すること。ゴツゴツした訳文ができてくるが、まずは字句などに忠実な直訳をすることが大切だ。

たとえば「下線部を日本語にしなさい」という設問では、「主語と述語」を見つける→「目的語や補語」を見つける→直訳する→より日本語的な訳にする、という流れでいい。

最初からこなれた日本語で訳そうとしたり、1語1語にこだわらない意訳をめざしたりしないで、ていねいに直訳（＝逐語訳）して、文法に合致していることを確かめること。

文法上の「まぎらわしいもの＋まちがえやすいもの」が判別できるかどうかを試す設問が多いので、正確な文法知識を身につけることを目標に、問題を解くといいだろう。

兵庫県出身のF・Y君は、「文の構造をつかむ練習をするべきだ。英文を訳すことができれば他の問題もおのずと解ける。文法を知らないとうまく訳せないし、長文も読めない。英作文はその逆の発想で書けるようになる。」という。「訳す」と「作文」は裏表の関係なのだ。

要するに、訳文も作文も文法問題と考えてかまわないことがわかる。

このF・Y君は私立灘中〜高校から東大理Ⅲに進んでいるが、中学入学時は「授業の進度が速すぎてついていけなかった」と語っている。「習い始めの初期に文法を一生懸命にやると基礎力がつく。教科書を音読しながら、一方で、英作文を何度も書くこと」ともいう。訳文や穴うめ問題などで学校指定の文法の問題集があれば、何度もくり返して解くといい。訳文や穴うめ問題などで何度もねらわれるところが「急所」なので、その出題文を暗記するといいだろう。覚えこんだ文章がたまればたまるほど、応用力（＝実戦に強い力）が分厚くなっていく。

つぎは英文和訳と英作文について、もっと具体的に考えてみよう。

英文和訳・英作文は「文法」の応用で攻略できる

英文和訳も「文法」によって分解すると正答できる

どんな文も5文型に分類して、主語（S）、述語動詞（V）、目的語（O）、補語（C）などに分解することで意味がつかめる。その直訳の文を「日本語らしい文」に整えないといけないが、その手本となるのが、先生の訳しかたや問題集の解答文、辞書の説明などだろう。

たとえば、She has a scarf around her neck. の文では「彼女は一枚のスカーフを持っている、彼女の首をひとまわりして」が直訳だが、「彼女は首にスカーフを巻いている」と直したほうが、日本語としてぎこちなさのない表現に仕上がる。

また、I am satisfied with your work. の文は「私は満足させられる、あなたの仕事に」が直訳だろう。しかし、日本語では「満足している」と能動態で表現するのに、英語では受動態で表されること (be satisfied〜) に気づいていないので、まちがった直訳になる。「私はあなたの仕事に満足している」と訳してはじめて、文法的に正しい日本語に仕上がる。

中学の英語には高度すぎる内容は少ないし、文の長さもさほどではない。ところが文法はやっかいだ。日本語と表現のしかたが異なる場合があるので、そこを比べて理解し、ついでに例外もチェックする必要がある。理屈としてわかるだけでは「使える＝応用できる」レベルに到達しないので、例文などをかたっぱしから覚えるしかない。

たとえば、英語の現在完了にあたる表現は日本語にはないので、過去形の「〜した」では訳文が成立しないし、英語に特有の「時制」を訳したことにもならない（時制とは時間軸上の一点をもとにして、時間の前後関係＝現在・過去・未来などを表す動詞の語形変化のこと）。

＊ He **went** to Kyoto. →「彼は京都に行った」＝過去形
He **has gone** to Kyoto. →「彼は京都に行ってしまった」＝現在完了の結果用法
He **has been** to Kyoto. →「彼は京都に行ったことがある」＝現在完了の経験用法
He **has been** in Kyoto for a week. →「彼は1週間前から京都に行っている」＝継続用法

など、表現を工夫しないといけない。また、現在形を用いて別の意味となる例もある。

110

① The train **starts** at 7:20. →「列車は7時20分に出発する」＝現在形で未来形の代わり
② If it **rains** tomorrow, I'll stay home. →「明日雨なら、私は家にいる」
③ Let's wait here till she **comes**. →「彼女が来るまでここで待とう」

例文②は接続詞 if に導かれる条件を示す副詞節で使われているが、どちらも「近い未来」のことを表している。例文③は接続詞 till に導かれる時を示す副詞節で使われている。

まず直訳してみて、それが日本語としておかしい場合は、文法を正しくつかみ切っていないとみていい。先を急ごうとしないで、その文をじっくり精読することが大切なのだ。

必要なのは、教科書の精読によって身につけた英文を分解する力だろう。

「教科書の音読をくり返して、細かい部分（前置詞など）をチェックした。英文を音読しながら頭のなかで日本語訳を意識したり、実際に日本語訳を声に出したりした」というのは山口県出身の I・K さんだが、さらに「教科書を完璧に自分のものにすることが大切」と断言する。

それと同時に、問題集などの英文を和訳してみて、「誤答する→文法を復習する→正答する→文法がわかる」というプロセスで知識を定着させていく。文法的にまぎらわしいものは「音読する＋手で書く」という身体動作で覚えこむと忘れにくくなる。

その結果、〈例文のストック＝stock〉が増える。すると、覚えた例文のつながりを活用するだけで英文が訳せてしまうし、それを逆方向に用いると英作文もできるようになる。あとは単語や熟語などを覚えて、重要な構文がつかめるようになればいい。

北海道出身のT・Mさんは帰国子女だが、中学時代は英文を速く読めたし日本語訳もできたので、文法などを軽視した。それが災いして、高校では英語の成績が下がった。「読解が得意だと文法や熟語がおろそかになって、だんだんキツくなった」とふり返っている。

もちろん、それからは文法などに力を入れて成績上位に復帰している。

T・Mさんは「教科書の内容が簡単に思えても、それを暗唱することで、きれいな英語が書けるようになる」とも語っている。東大生は口をそろえて「音読をするとかっこいい英語になる」というが、そのかっこよさは、文法を完璧にしたことの証明でもあるだろう。

文章丸ごとの覚えこみが分厚い応用力を育てる

少し長い文章といっても「短文＋短文」のつながりなので、短文ごとの主語（S）、述語動詞（V）をみつけ、その動詞が表す時制（現在・過去・未来）を押さえ、表現されている内容を

第2章 英語　英語の成績を伸ばす最短メソッドを教えよう

「いつ・どこで・だれが・何を・どうした」でたどり、それらを結びつければいい。わからない単語があっても、こだわらずに読み進める。全体の大まかな内容がわかると、前後のつながりから、単語の意味は推測できる。全体を通してざーっと直訳してから、不明な単語を辞書で引く。推測したのと同じ意味であれば、独力で読み解けたことになる。

登場人物などを対比して、その行動や話す内容などをマンガのコマ割りやメモ書きにして流れを追うのもいい。赤や青で色分けして、人物の対立＝同調などを追うのも有効だ。

テスト形式の問題を解く場合は、話の流れをつかんだら、すぐに設問を読むのもいい。「何が問われているか」を頭に入れて再読すると、急所をみつけやすくなるからだ。

設問にされる部分は全体の〈かなめ＝急所〉であることが多いので、その出題者の意図を利用して、いちばん伝えたい内容や文法的にまちがえやすい部分をしぼると正答に近づく。

また、日本語の「こそあど言葉」にあたる指示語（it, that などの代名詞）は前の文中の何かを受けるので、そのつど読み返して、きちんと特定していく。〈this と these →近いものを示す〉〈that と those →遠いものを示す〉などを区別して、読み解く力を確実にしたい。

この代名詞は同じ名詞をくり返すことを避けるために用いられるが、そのちがいを理解しておくと文の内容をただしくつかむことができる。

覚えておきたい基本的な熟語 2

I **am used to getting** up early.（私は早起きには慣れている）
She **is dressed in** silk.（彼女は絹の服を着ている）
My son **is interested in** literature. （私の息子は文学に興味をもっている）
He **is poor in** drawing pictures. （彼は絵を描くのが下手だ）
He **is** a little **weak in** the legs. （彼はちょっと脚が弱い）
He has **been absent from** school since last Thursday. （彼は前の木曜日からずっと休んでいる）
His idea **is** very **different from** yours. （彼の考えは君の考えとずいぶんちがっている）
He **is busy at** [**with**] his homework in math. （彼は数学の宿題で忙しい）
Something **is wrong with** this phone. （この電話はどこか調子がよくない）
He **is anxious about** the results of her son's test. （彼は息子のテストの結果を心配している）
I **am satisfied with** your work. （私はあなたの仕事に満足しています＝完全に） ＊I **am content with** your work. 　（私はあなたの仕事に満足しています＝そこそこ）
You're really **out of date**. （君は本当に遅れてるね＝古いね）
That PC **is out of order**.（あのパソコンは故障している）
His idea **is out of the question**. （彼の着想はまったく話にならない）

◎ be動詞に詞に導かれる熟語 2

She **is** often **late for** school. (彼女はたびたび学校に遅れる) ＊I **was** just **in time for** the last train. (最終列車にちょうど間に合った)
Atami **is famous for** hot springs. (熱海は温泉で有名だ)
These books **are fit for** girls. (それらは少女向けの本だ)
He **was sorry for** himself. (彼は自分自身をあわれに思った)
She **is blind to** his kindness. (彼女には彼の親切さがわからない)
His cottage **is close to** the lake. (彼の山荘は湖のすぐ近くにある) ＊Spanish **is close to** Italian. (スペイン語はイタリア語によく似ている)
Twice four **is equal to** eight. (4の2倍は8だ)
The song **is familiar to** us. (その歌は私たちによく知られている)
She **is inferior to** me in math. (彼女は数学では私より劣っている) ＊This car **is superior to** that one. (この車はあの車より性能がいい)
She **is junior to** him by two years. (彼女は彼より2歳年下だ)
His name **is known to** everyone in this town. (彼の名はこの町のみんなに知られている)

❶ 同一のものを指す→it, he, she, They

I lost my camera. **It** was a very nice camera. 「とてもよいカメラだった」
Mr. and Mrs. Halley live next to us. **They** are very kind to us. 「彼らはとても親切です」

❷ a＋加算名詞／an＋加算名詞→one（同種のもの）

I lost my camera. I have to buy **one**. 「おなじ機種のを買わないといけない」
This T-shirt is too big for me. Show me a smaller **one**. 「もっと小さいのを見せて」

❸ this＋名詞／that＋名詞→this/that one

This game is more exciting than **that one.** 「あのゲームよりおもしろい」

❹ 不加算名詞→some

We were out of sugar. 「砂糖を切らした」
So I bought **some**. 「それで砂糖を買った」

第2章 英語　英語の成績を伸ばす最短メソッドを教えよう

❺ 所有格＋名詞→所有代名詞（だれかのもの）

Your car is better than **mine**.「私の車よりいい」

❻ the＋名詞（同一でないもの）→that, those

The temperature here is colder than **that** in Tokyo.「ここの気温は東京のより寒い」
Your food is better than **those** in that restaurant.「あのレストランの料理よりおいしい」

などを区別して覚えておきたい。
また、it の特別用法も整理しておこう。

❶ 時刻・日付を表す

＊What time is **it** (by your watch)?「（あなたの時計では）何時ですか」
It is five (o'clock).「5時です」

❷ 天候・明るさを表す

* **It** rained a lot yesterday. 「昨日は雨がたくさん降った」
  How is the weather? 「天気はどうですか（天候をたずねる場合、it は用いない）」

❸ 距離・所要時間を表す

* **How far** is **it** to the station? 「駅までどのくらいですか」＝距離
  How long does **it** take to the market? 「市場までどれくらいかかりますか」＝時間

その他の it が使われる用法も整理しておこう。

* **It is** pity *that* she cannot come. 「彼女が来られないのは残念だ」＝that〜を受ける
  It is nice **of** you **to** *help* me. 「手伝ってくれてありがとう」
  It is necessary **for** you **to** *go* right away. 「君はすぐに出かける必要がある」
  It took me two hours **to** *finish* the work. 「勉強を終えるのに2時間かかった」

It cost me 70 dollars **to** *collect* these stamps.「切手を集めるのに70ドルかかった」

It is said that his mother is in hospital now.「彼の母は入院中だそうだ」

などだ。範囲外（高校で習う）の内容もあるが、対比して理解しておくといい。「文法がわかっていれば長い文も読めるはずなので、ていねいに直訳すること。大切な構文を使っている文は暗唱すると有効です」と語るのは神奈川出身のA・K君だ。少しずつコツコツとつみ重ねていくしか方法はないが、その努力は必ず報われるだろう。

英作文は「決まり表現＋例文」のつなぎ合わせでクリアできる

先にもふれたが、中3までに習う不規則動詞は60数語なので、「暗唱＋筆記」で身体動作として覚えてしまいたい。形容詞と副詞の比較変化表などといっしょに教科書の巻末にまとめてあるので、英文解釈と作文の両方に使えるよう、復習をくり返して完璧にしておきたい。

英作文はその場での思いつきで創作するものではなく、覚えている文を組み立て直す作業と考えよう。暗記している文をつなぎ合わせて、簡単な表現に仕上げるのがコツだ。

英作文に使える基本的な用語・用例 1

- あなたの誕生日はいつですか。
→**When** is your birthday?

◎ 長さ・距離・方向などに関する表現

- ここから公園までの距離は？
→**How far** is it **from** here **to** the park?

- ここから京都までの距離はどのぐらい？
→What is **the distance from** here to Kyoto?

- 駅へ行く道を教えてください。
→Please show me **the way to** the station?

- 私は帰り道で彼女と会った。
→I met her **on my way home**.

- その橋の長さはどれくらい？
→**How long** is the bridge?

- それは300メートルです。
→It is **three hundred meters long**.

- その通りの幅はどれくらい？
→**How wide** is the street?

- それは30メートルある。
→It is **thirty meters wide**.

- その湖の深さは？→**How deep** is the lake?

- その深さは50メートルです。
→The lake is **fifty meters deep**.

- 図書館は公園の西側にある。
→The library is **on the west of** the park.

- その丘の東に古城がある。
→There is an old castle **to the east of** the hill.

◎ 時刻・日時に関する表現

- 私の時計では6時30分です。
  → It is **six thirty** by my watch.
  It is **half past six** by my watch.

- 彼は8時20分に登校する。
  → He goes to school **at eight twenty**.
  He goes to school **at twenty minutes past eight**.

- この時計は1日に2分進む。
  → This watch *gains* **two minutes** a day.

- この時計は1日に4分遅れる。
  → This watch *loses* **four minutes** a day.

- 私の時計は5分進んでいる。
  → My watch is **five minutes fast**.

- 私の時計は3分遅れている。
  → My watch is **three minutes slow**.

- 彼は夕食後2時間勉強する。
  → He studies **for two hours** after supper.

- 彼は1時間で宿題を終えた。
  → He finished his work **in one hour**.

- ここから学校まで歩くとどれくらいの時間がかかる?
  → **How long** does it *take* (*to go*) from here to the school?

- ほぼ10分かかるでしょう。
  → It will *take* **about ten minutes**.

- 雨は明日まで降るだろう。
  → It will go on raining **till tomorrow**.

- 雨は明日にはやむでしょう。
  → The rain will stop **by tomorrow**.

まず出題された文をやさしい日本語のいいかたに直す。「難しい単語は使わない＝知っている初歩的な単語だけを使う」ようにして、主語と述語動詞を決め、使い慣れた（＝文法的に正しい）表現を加えていく。難しい表現はやめて、正確に書くことをめざす。

ここにきて、構文などをふくむ短文（＝定型文）を何度もくり返して「暗唱＋筆記」してきたことが生きてくる。英文を訳すときと逆の方向を意識しながら、覚えた例文のストックから適切な文を選んで、それを文法的にまちがいがゼロの英文にすればいい。

「なるべくシンプルな表現で、しかも自信のある表現にする」というのは東京都出身のR・Y君だが、彼は「英語は文法事項がもっとも重要だ。文法がわからないなら英文を訳そうとしたり、英作文をやろうとしても時間のムダになるだけだ」とも語っている。

文法知識を定着させるためには例文を暗記しないといけないが、その努力がそのまま英語で作文する能力につながっている。R・Y君のいうとおり、文法こそが基本なのだ。彼は私立暁星中学～高校から東大文Ⅱに進んでいる。

「学校であつかった問題を完璧にすることをめざすといい。英作文は数をこなすことにこだわらなくていいと思う」と語るのは、東京都出身のF・Rさんだ。覚えている例文の一部の単語を変えたものが出題されるだけなので、数をこなす必要はないということだろう。

122

第2章 英語　英語の成績を伸ばす最短メソッドを教えよう

そこには、英作文の出題にはパターンがあり、日本語と英語とのちがいがはっきり示される表現を問うものが好まれるという事実がある。F・Rさんがいうとおり、学校であつかった問題をくり返して復習しておけば、英作文はほとんど征服できたことになる。

たとえば「そのパーティーには何人招かれたのですか」という日本文を英文になおすには、「何人ですか」の疑問文は How many people 〜 を使うこと、「招かれた」は受動態の過去形なので were invited to 〜 であること、「そのパーティー」は the party を使うことがわかる。答え→ How many people were invited to the party? と完成できる。

また、文の書き換えを練習しておくと英作文に役立つ。

文には単文・複文・重文の三種類がある。単文→主語と述語の関係が一回だけのもの、複文→主語と述語の成り立っている文で、さらにその構成部分に主語と述語の関係があるもの、重文→独立した二つ以上の文が対等の資格で結合したもの、というちがいがある。

❶ 単文と複文の書き換え

＊I don't mind your smoking.「タバコを吸ってもかまわない」＝単文（smoking は動名詞）
→I don't mind **that** you are smoking.「同じ意味」＝複文

英作文に使える基本的な用語・用例 2

- 彼はその病気から回復した。
→He **has got over the disease**.

- どうなさったのですか。
→**What's the matter with you**?

- お体をおだいじに。
→Please **take care of** yourself.

◎ 学校・勉強・試験に関する表現

- 学校は4月に始まる → School **begins in** April.

- 今日は授業がない。→We **have no school** today.

- 学校が終わった。
→School **is over**.（授業が〜終わった →Class **is over**.）

- 彼は学校の成績がいい。
→He **is doing well** *in school*.　He **does well** *in school*.

- きのう英語の授業をさぼった。
→I **cut my English class** yesterday.

- 明日数学の試験を受ける。
→We will **take an exam in** math tomorrow.

- 彼女は英語が苦手だ。
→She **is poor in** English.

- 私は来年高校入試を受ける。
→I **will take the entrance exam of the high school** next year.

- 私は試験に合格した。
→I **passed the exam**.　I **succeeded in the exam**.

- 彼は試験に失敗した。
→He **failed (in) the exam**.

◎ 天候・季節に関する表現

- 今日は晴れ。　　　　今日は曇り。
  →**It is nice** today.　**It is cloudy** today.

- 雨が降りそうだ。→**It looks like rain**.

- 明日は1日じゅう雨だろう。
  →**It will rain** *all day* tomorrow.

- 午後には晴れるだろう。
  →**It will clear up** *in the afternoon*.

- 夕方、雨に降られた。
  →**I was caught in a shower** *in the evening*.

- 雪は1時間前に降りやんだ。
  →**It stopped snowing** *an hour ago*.

- 徐々に暖かくなってきている。
  →**It is getting warmer and warmer**.

- 日ごとに寒くなっていく。
  →**It is getting colder** *day by day*.

◎ 健康・病気に関する表現

- 冬にはよくかぜをひく。→We often **catch colds** in winter.

- 先週ひどいかぜをひいた。→I **had a bad cold** last week.

- 彼は健康だ。
  →He **is in good health**.　He **has good health**.

- 彼は健康を害している。
  →He **is in bad health**.　He is **in poor health**.

- 2日前から病気で寝ている。
  →I **have been ill in bed** *for two days*.

- 父が病気になった。→ My father **has fallen ill**.

I don't mind **if** you smoke. 「同じ意味」＝複文

* I hope to succeed in the exam. 「私は試験で成功したい」＝単文(to 不定詞句)
→ I hope **that** I will succeed in the exam. 「同じ意味」＝複文
* I have an aunt **living** in Osaka. 「私には大坂に住むおばがいる」＝単文
→ I have an aunt **who** *lives* in Osaka. 「同じ意味」＝複文

❷ 単文と重文（複文）の書き換え

* She went abroad, never *to come* back. 「彼女は外国へ行って戻らなかった」＝単文
→ She went abroad, **and** never *come* back. 「同じ意味」＝複文
* **In spite of** (having) a fever, he went to school. 「熱があったが学校へ行った」＝単文
→ He had a fever **but** he went to school. 「同じ意味」＝重文
→ **Though** he had a fever, he went to school. 「同じ意味」＝複文

❸ 重文と複文の書き換え

* He had a lunch **and** did his work. 「昼食をとってから仕事をした」＝重文

第2章 英語　英語の成績を伸ばす最短メソッドを教えよう

→**After** he had a lunch he did his work.「同じ意味」＝複文（接続詞 after で）

＊They are poor **but** happy.「彼らは貧しいが幸せだ」＝重文（接続詞 but で）

→**Though** they are poor, they are happy.「同じ意味」＝複文（接続詞 though で）

→They are poor, **yet** they are happy.「同じ意味」＝複文（接続詞 yet で）

＊I was tired, **so** I stopped the work.「疲れたので仕事をやめた」＝重文（接続詞 so で）

→**As** I was tired, I stopped the work.「同じ意味」＝複文（接続詞 as で）

→I stopped the work **because** I was tired.「同じ意味」＝複文（接続詞 because で）

以上、一部に範囲外（高校の内容）のものもあるが、参考にしてほしい。

範囲外の内容→国立・私立校入試に出題されるものを知っておこう

私立・国立校入試に出題される内容は、

❶ 現在完了進行形・過去完了

❷ 第5文型→SVOCの文型で補語（C）が名詞以外のもの

❸ 関係詞（関係代名詞・関係副詞）の継続的用法

❹ 分詞構文

❺ 話法（直接話法・間接話法）のちがい

❻ 仮定法

などだ。

❶の現在完了進行形とは、have（has）been ＋〜ing の形で、「いままでずっと〜している」

第2章 英語 英語の成績を伸ばす最短メソッドを教えよう

の意味になる。現在完了の「継続」用法は、He **has been** absent from school with a cold.

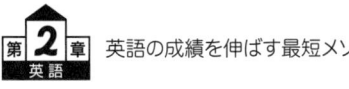

→「カゼで学校を休んでいる」の意味だが、現在完了進行形は動作の継続をより強く表す。

＊It **has been raining**.「ずっと雨が降っている」＝現在完了進行形

過去完了とは、had ＋過去分詞の形で、過去のある時点を軸にして、それ以前に起こったことがその過去の時点に影響していることを表す(完了・結果・経験・継続など)。

＊She **had** already **finished** the work.「彼女はその仕事をすでに終えたあとだった」＝完了
He **had been** ill for a week when I visited him.「彼は1週間もずっと病気だった」＝継続
I **had met** Kenji two years before.「私はケンジに(ある過去時の)2年前に会ったことがあった」
＝経験→副詞のbeforeは「過去のある時より前に」の意味

❷の第5文型→SVOCの文型で補語(C)が名詞以外のものとは、補語に形容詞・動詞の原形(toがない原形不定詞)・現在分詞・過去分詞がくるものをいう。

英作文に使える基本的な用語・用例 3

- 母がよろしくと申していました。
→**Mother asked to be remembered to you**.

◎ 交通・交通事故に関する表現

- 名古屋までの料金はいくら？
→**How much does it cost** to go to Nagoya?

- 2時発の東京行き列車に乗る。
→I will *take* **the 2：00 train** for Tokyo.

- 彼は4時の発り急行に乗った。
→He *took* **the 4：00 up express**.

- 渋谷駅で乗り換えなければならない。
→You must **change train at** Shibuya Station.

- 彼は2分のことで列車に乗り遅れた。
→He **missed the train** *by two minutes*.

- ラッシュアワーでは列車が混む。
→These trains **are crowded** *during rush hours*.

- 事故で列車は1時間遅れた。
→The train **was** *one hour* **late** because of accident.

- 次の列車は嵐で欠航する。
→The next train **will be cancelled** because of the storm.

- そのバスは少年をひいた。→ The bus **ran over** a boy.

- 彼女は交通事故で死んだ。
→She **was killed in** *a traffic accident*.

- ここでは右側通行しなさい。→**Keep to the right** here.

- この辺にバス停留所はない。
→**There is no bus stop** *around here*.

◎ 電話・手紙に関する表現

- もしもし、山田ですが。
  →**Hello this is Yamada** *speaking* (*calling*).

- まちがい電話ですよ。
  →**I'm sorry, you** *have* **the wrong number**.

- そのままお待ちください。
  →**Hold on**, please.　**Hang on** a minute.

- 電話を切らないでください。→**Hold the line**, please.

- かけ直していただけませんか。
  →**Would you like to call back** later.

- 昼ちょうどに彼女に電話した。
  →I **telephoned** her *at noon*.　I **called** her **up** *at noon*.

- すぐに手紙の返事をください。
  →**Answer my letter** as soon as possible.

- 明日ご返事します。→**I'll answer you** tomorrow.

- 返事が遅れてごめんなさい。
  →**Excuse me for answering** *so late*.

- 手紙の投函を忘れないで。
  →**Don't forget to post** this letter.

- 毎週彼女から便りがある。
  →I **hear from** her *every week*.

- 私は週に1度彼に手紙を書く。
  →I **write** him *once a week*.

- 手紙に、彼は健康だとある。
  →**The letter says** he is keeping well.

- お母さんによろしく。
  →**Please remember me to** your mother.

＊The news made her **sad**. 「そのニュースは彼女を悲しませた」＝補語は形容詞 sad
He made me **go**. 「彼は私を行かせた」＝go は原形不定詞
I saw her **running** in the park. 「彼女が公園を走るのを見た」＝running は現在分詞
He had his bicycle **stolen**. 「彼は自転車を盗まれた」＝stolen は過去分詞

❸ の関係詞の継続的用法は非制限用法・連続用法ともいわれ、関係代名詞・関係副詞の前に（,）を入れて、前の文を補足説明したり理由を述べたりする場合をいう。

＊She has two sons **who** became teachers.
She has two sons, **who** became teachers. 「二人の息子のどちらも教師になった」
前者の who は制限用法で、ほかにも息子がいる可能性がある。後者の who は継続的用法で、接続詞を使って書き換えると（……, and they became teachers.）となる。

❹ の分詞構文とは、接続詞を使った副詞句（主語と述語がある）を、現在分詞（〜ing 形）を使った副詞節（主語と述語がない）に書き換えた文のこと。現在分詞は接続詞と動詞をかねたはたら

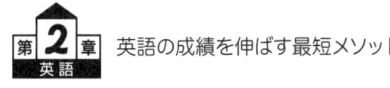

第2章 英語 英語の成績を伸ばす最短メソッドを教えよう

きをし、分詞の意味上の主語は主文の主語と一致する（主語が一致しないものを独立分詞構文という）。

＊When he looked in the room, he found nobody.
→**Looking** in the room, he found nobody.「同じ意味」＝分詞構文「部屋をのぞいたとき誰もいなかった」

＊If you turn to the right, you will find the store.
→**Turning** to the right, you will find the store.「同じ意味」＝分詞構文「右へ曲ればその店がある」

＊Since my mother was ill, I couldn't go to school.
→**My mother being** ill, I couldn't go to school.「同じ意味」＝独立分詞構文「母が病気だったので学校へ行けなかった」

❺の話法では、人がいった言葉をそのまま引用符で引用する表現の「直接話法」と人がいった言葉を話し手（＝私）の言葉に直して伝える「間接話法」との書き換えが大事だ。そのポイントは主節と従属節の動詞の「時制の一致」と副詞（句）が変化するところだ。

＊He always **tells** me to study hard. →He always **says** to me "*Study hard*". （彼はいつも私に一生懸命に勉強しろといった、の意味）

He **said,** "*I will go there*". →He **said (that)** he would go there. (彼は私にそこへ行くつもりだといった、の意味)

* She **said to** me, "*Is your mother well ?*"
→She asked me if my mother was well. (ask〜if…=…かどうかをたずねる)
(被伝達文が疑問詞のない疑問文のとき)

* I **said to** her, "*where do you live ?*"
→I **asked** her *where he lived*. (被伝達文が疑問詞のある疑問文のとき)
「彼女にどこに住んでいるのかとたずねた」

* He **said to** me, "*Open the door*". →He **told** me **to open** the door. (命令文)
* He **said to** us, "**Don't be** *noisy*". →He told us not to be noisy. (否定の命令文)
* He **said,** "*I will visit her tomorrow*". 「明日たずねるつもりだ」=副詞句が変化
→He **said,** that he would visit her **the next day.** 「その次の日たずねるつもりだと…」

❻の仮定法とは、直説法では話し手が事実をありのままに述べるのに対して、事実に反すること、事実であるかどうか疑わしいこと、まだ事実であると確定していないことなどを表すいいかた。

* If you **do** it, Kenji will get angry.（ありうる仮定＝直説法→動詞は原形のdo）
  If you **did** it, Kenji would get angry.（仮定法）

直説法は「あなたがそれをするかどうかわからないが、すればケンジは怒るだろう」の意味で、実際に起こるかもしれないことを仮定し、「～するかどうか」を条件として述べる。

一方の仮定法は、話し手が「あなたがそんなことをするはずがない」という気持ちを抱いて、それなのに「もしやったと仮定すると、ケンジは怒るだろう（あなたはやらないからケンジは怒らないはずだが…）」という表現だ。

この仮定法には、仮定法過去・仮定法過去完了・仮定法未来がある。

仮定法過去は、「If＋主語＋動詞の過去形～主語＋would（should, could, might）などの助動詞＋動詞の原形」が基本形だ。過去形の動詞を用いて、現在の事実に反する仮定を表し、形は「過去」でも内容は「現在」のことを述べる（be動詞はつねにwere→口語ではwasも可）。

* If I **had** wings, I **would fly** to you.「もし翼があれば～飛んでいくのだが」
  →*Since* I have no wings, I do not fly to you.（仮定法を用いない）

英作文に使える基本的な用語・用例 4

- 家で何の手伝いもしない。→He **never helps** at home.
- 明かりをつけてください。→**Turn on the light**, please.
- 明かりを消しましょうか。
→**Shall I turn off the light**?
- 茶を飲んでよく話し合おう。
→Let's **talk over** a cup of tea.
- 明日は家にいます。→**I'll stay home** tomorrow.
- 明日家へ遊びにきませんか。
→**Come to see me** tomorrow.
- おじの家に滞在している。
→**I'm staying with** my uncle now.
- ご家族は何人ですか？
→**How many people are** (**there**) **in your family**?
- 私の家族は4人です。→We are **a family of four**.
- 父が私たちを養っている。
→ My father **supports** all my family.
- 彼は扶養家族が多い。
→He **has a large family** to support.
- 母はいま留守です。
→My mother **is not** at home.
- 兄は夜遅く帰宅した。
→My brother **came** home **late** at night.
- 彼女は仕事を見つけた。
→She **found a job**.　She **got a job**.
- 彼は月給制だ。→He **is paid by the month**.

第2章 英語　英語の成績を伸ばす最短メソッドを教えよう

◎ 旅行などに関する表現

- 彼は昨日東京見物をした。
  →He **saw the sights in** Tokyo.

- 外国へ行きたいですか？
  →Would you like to **go abroad**?

- 空路タイペイに出発した。
  →They left for Taipei **by air**.

- 海路で韓国から帰国した。
  →He came back to Japan from Korea **by sea**.

- 浜辺へキャンプに行こう。
  →Let's **go camping** in the beach.

◎ 家庭・生活などに関する表現

- 明日は朝6時に起こして。
  →Mother, **wake** me (**up**) at six tomorrow morning.

- いつも何時に起きるの？
  →**What time do you usually wake**?

- 健二、朝食ができたよ。
  →Kenji, **breakfast is ready**.

- 昼食の時間ですよ。→ **It's time for** lunch.

- もう寝る時間だよ。
  →**It's time** you went to bed.

- 夕食後2階へ（寝に）行った。
  →**I went upstairs** after supper.

- 母は食事の後片づけをした。
  →My mother **cleared** *the table*.

- 皿洗いを手伝ってください。
  →Help me **to do** *the dishes*.

* **I wish I were** a bird.（I wish＋仮定法過去→現在の事実に反することへの願望）
→I'm sorry I am not a bard.「鳥ではないので…」＝仮定法を用いない

仮定法過去完了は、「If＋主語＋had＋動詞の過去分詞～主語＋would (should, could, might)などの助動詞＋have＋過去分詞」の形で、過去の事実に対する仮定を表す。形は「過去完了＝過去の過去」だが、その内容は「過去」になる。

* **If I had known** about it, I **would have stopped** my trip.「そのことを知っていたら旅行をやめたのに」→As I *did not know* about it, I *did not stop* my trip.
* **I wish** I had studied much harder when I was young.「もっと勉強しておけば…」
* He talks **as if** he **had been** America.「まるでアメリカへ行ったかのように話す」

仮定法未来は、「If＋主語＋動詞の過去分詞～主語＋動詞の助動詞の過去形または現在形〔would (will), should (shall), could (can), might (may)＋動詞の原形～〕の形で、不確実な現在および未来を仮定する。可能性の低いこと、話し手が「そうなってほしくない」という

第2章 英語　英語の成績を伸ばす最短メソッドを教えよう

気持ちを伝えたい表現方法だ（if節のshouldをwere toとする表現もできる）。

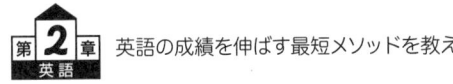

* **If** Kenji **should** come here, I will let you know. 「万一〜が来たら知らせる」
* **If** she **were to** come to see me, I **would** welcome her. (ありえないことを仮定する)
→「もしも彼女が会いに来るようなことがあったら、喜んで迎える」

また、仮定法では倒置により「動詞（助動詞）＋主語」の語順にするとifが省略できる（＝文語的表現）し、if節を含まない仮定法もある。あまり詳しくすると高校の内容に踏みこんでしまうので、この程度で終えることにするが、最後に東大生の意見をまとめておこう。

「公立校入試に出ないからといって範囲外をやらなくていいということはない。高校の先に大学入試があるのだから、早くやることに何も問題はない。内容が関連している分野はやればいい」と語るのは、神奈川県の私立聖光学院中学〜高校から東大理Ⅰに進んだI・Y君だ。

その一方、「範囲外もやったほうが高校入学後に有利だろうが、ゴールを大学入試に設定すると、高校でやっても遅くない。学習進度がはやいことと英語力は比例しないと思う」という意見もある。青森県の公立中学〜県立弘前高校から東大理Ⅰに進んだK・S君だ。

どちらにも一理あるので、君たちの進路に合わせて決めるといい。以上、国立・私立の有名校を志望する場合は塾などを利用して文法を固めてほしい。公立校志望者はムリしてまで範囲外をやらなくてもいいが、高校入学後はこのような内容になることを知っておくのもわるくはないだろう。

第3章
数学の成績を伸ばす最短メソッドを教えよう

正確で速い計算力を身につけて基礎を固めよう

「脱ゆとり」で学習内容が増えたことを知っておこう

数学科は「A 数と式」「B 図形」「C 関数」「D 資料の活用」という4領域で構成され、学年ごとに内容が高度になっていく。授業では4領域が交互に進められるので、教科内容の一分節（＝単元）ごとに「わかる」と「できる」を達成していくことが大切になる。

すでに全教科で「ゆとり以前」の内容をふくむ授業が行われているが、それはまず新指導要領の前倒しとして「数学」と「理科」などを中心に実施され（平成21年4月より）、そして現在の全面実施へと推移してきている（平成24年4月より）。

1年生の内容では、「A 数と式」の①正の数・負の数に「数の集合と四則計算の可能性」が高校数Ⅰから移され、②文字を用いた式に「不等式を用いた表現」が高校数Ⅰから一部が移され、③一元一次方程式に「比例式」が新規に加えられた。

また「B 図形」の①平面図形に「図形の平行移動・対称移動・回転移動」が加えられ、②

第3章 数学の成績を伸ばす最短メソッドを教えよう

空間図形に「投影図」が加えられ、「球の表面積・体積」が高校の数Ⅰから移された。その一方で、「図形の対称性(線対称・点対称)」「角柱や円柱の面積」は小学6年生から移された。

つぎの「C 関数」は①比例と反比例に「関数関係の意味」が中学2年生から移され、「D 資料の活用」は①資料の散らばりと代表値を用いること」などが高校の数学基礎と数学Bから移された。

2年生の内容では、「B 図形」の「円周角と中心角の関係」が3年生へ移され、「D 資料の活用」が小学6年生へ移された。

3年生の内容では、「A 数と式」の①平方根に「有理数と無理数」が高校数Ⅰから移され、「B 図形」の①図形の相似に「相似な図形の面積比と体積比」が高校数Ⅰから移され、②円周角と中心角に「円周角と中心角の関係とその証明」「円周角と中心角の関係を活用する」が中学2年から移された。

つぎの「C 関数」は「いろいろな事象と関数」が高校数Ⅰから移され、「D 資料の活用」は「標本調査」が高校の数学基礎と数学Cから移された。

以上、2年生の内容は減らされたものの、1年生と3年生の内容はかなり増えている。「ゆとり以前」には「B 図形」の「三角形の重心」「二つの円の性質」がふくまれていたが、現在

143

数学の上達イコール正確な計算力と考えよう

中学の数学は計算力が決め手なので、まず確かな演算能力を身につけたい。

この計算力は才能やセンスなどとはあまり関係がない。どれだけ時間をかけたか、どれだけ問題量をこなしたかに左右されるので、ひたすら手を動かして筆算にはげむしかない。学校まかせや塾まかせではなく、自分でひそかに解決する技能と受けとめてもらいたい。

とくに公立中学生に知ってもらいたいのは、授業での演習だけでは不十分なので、独力で計算技術に習熟するためのトレーニングをしなければ能力はアップしない、ということだ。

は削除されたまま。「数の表現(近似値・2進法・流れ図)」「平方根表」もそうだ。

円周率を表す記号πは「ゆとり」時代に整数3として計算させたが、現在はπをそのまま表記させて、具体的な数字(3・14など)で計算させないのが大勢となっている。

また、「D 資料の活用」は2年生で学習する「場合の数・確率」が高校入試に出題されるだけなので、コインの裏表やサイコロの出目などの問題を終えてしまったら、他の3領域(A 数と式・B 図形・C 関数)に力をそそぐと、勉強の効率がよくなるはずだ。

第3章 数学の成績を伸ばす最短メソッドを教えよう

中学受験を経験した中高一貫校生の計算力が高いのは、小学校時代にかなりの計算問題をこなした結果といえる。それと比べると公立中学生の計算技能は下回るが、逆にいえば「伸びしろ」が大きいとも考えられるので、やればやるほど計算力はアップするはずだ。

計算力に不安があると自己判断したときは、まず中1の「正の数と負の数の四則計算」にもどって問題をたくさん解いてみるといい。学校から与えられた問題集を一冊こなせばいいのだが、それでも「つまずき」を感じるのであれば、市販の問題集を一冊こなせばいい。

約数・倍数、正の数・負の数などの単純な四則計算はとにかく慣れることが大切で、問題量をこなすことがカギになる。解けば解くほど力がつくので、勉強のはじめにやるといい。小学生レベルの計算が苦手であっても、問題集は中学生初級用を使ってかまわない。

また、小数と分数の計算でつまずくケースが多いので、その分野だけの初級レベルの計算問題集を買って、短期間にやりこむと効果がある。仮分数や帯分数、小数などをふくむやさしい内容の一冊を二度、三度とくり返してみると、計算のスピードは必ず上がる。

たとえば小学校の算数では、「足し算」の練習をしてから「かけ算」練習をすると計算速度が上がって正答率も向上するという。それは「足し算とかけ算」の相性がいいからだが、「わり算」の場合は、先に「引き算」の練習をしておくと、おなじく正答率が向上するという。

「1か月単位＋1週単位」の特訓スケジュールも有効だ

小学校での方式に習って、まず初級問題を解いて、小数と分数の足し算と引き算、小数と分数のかけ算とわり算、プラスとマイナスの符号、などの四則計算の決まりを徹底的にたたきこむこと。中1での計算問題が自在にこなせることが、当面の目標だろう。

「中学では数学が不得意だったので、計算力を鍛えるために、自分で計算練習をやりまくるしかなかった」と語るのは、宮城県の公立中学出身のI・Y君だ。学校から与えられた問題集のほかに市販のうすい問題集を何度もくり返し解いて、その一冊をやりこんだという。

弱点は自分で強化するしかない。思い立ったその日からやらなければ、いつまでたっても計算力は伸びないが、ある分量をこなせば間違いなく伸びるのもまた事実だ。

2年生では文字式の計算が本格化するが、分数の計算を得意にしておけば苦しくないし、文字の約分ミスをしなければ大丈夫だ。3年生では平方根をふくむ式の計算、式の展開と因数分解、2次方程式などがネックになりやすいが、計算力が高いとラクに越えられる。

現在の授業での計算問題をこなしながら、市販の「小数・分数の計算」などのうすい問題集

第3章 数学 数学の成績を伸ばす最短メソッドを教えよう

を二度ほどくり返し、さらに苦手な問題をやり直すと効果がある。かける時間は一日に10〜15分ほどでいいが、短期に終えたいときは週末などに集中するのもいい。

週末ごとに区切りをつけ、1か月でいったん終える——これだとムリがない。

制限時間が設定してある問題はそれ以内をめざし、ないものは自分で設定すること。目覚まし時計や料理用などの簡便なストップウオッチで時間を計り、所要時間と正誤（○×）を記録して伸びぐあいをつかむとおもしろい。ゲーム感覚でやれると効果も最高になるはずだ。

どこで計算ミスをするかもチェックしたい。分数の通分や約分のしかた、分数のわり算は逆数をかける、文字式の計算での約分のしかたと符号など、クセを徹底して直すこと。

この計算練習はノートを使ったほうがいい。計算の過程をきちんと残すようにするとミスを発見しやすいので、自分では気づかなかった弱点がつかめるし、テストに向けた実戦的な練習にもなる。急いで計算するといっても、乱雑すぎるとミスは減らないので要注意だ。

もうひとつ、計算ノートには消しゴムを使わないこと。どんどんスピードを上げていくうちに、筆算での数字や記号、計算式の書きかたをきれいにすることも大事なことだ。

時間の余裕があれば、もう一度くり返すのもいい。おなじ問題を解いて「時間＋正確さ」を記録していく。おなじ問題を何度も解くだけではたして効果があるのか、と疑問に思うかもし

れないが、それは実証されている。小学生でやる「百マス計算」がそうで、おなじ問題をくり返しながら速度と正確さを競わせると、まちがいなく計算力がアップするという。

計算技能（＝スキル）に習熟するためには、おなじ問題を解く「時間＋正確さ」をレベルアップさせるのが近道なのだ。ここに、くり返しておなじ問題を解くことの意味がある。さっと解いて終わっただけでは技能は身につかないが、反復するから体得できると心得てほしい。

これは計算力をふくめた数学全体にいえる話なのだ。

「学校で使っている問題集があれば、周りの人以上にそれをこなそうと思うことが大事。基本→応用→発展の載っている順に解いて、何度もそれをくり返す」と語るのは東京都出身のF・Rさんだが、苦手分野は基本だけを3周（＝回）くらいする、ことも推奨している。

あれもこれもと手を出さないで、決めた一冊をくり返して解く――これが問題集を活用するときのコツだろう。その一冊の細部まで覚えてしまうくらいの徹底ぶりが効くのだ。

計算力用のやさしい問題集ではあっても、できない問題がなくなるまできっちりやるのが原則だが、計算力をつけている最中でも、授業は待ったなしで実施される。現在の授業の問題を解いてみて、その効果が少しでも実感できるようだとしめたもの。授業とのバランスをとりながら、1か月で終える計画を前倒しするくらいの気持ちで努力してほしい。

第3章 数学　数学の成績を伸ばす最短メソッドを教えよう

東大生の多くは「計算力に自信がもてるまでやった」と語っているが、鍛えていくと「いまの授業」がよくわかるようになるし、計算の速度もアップする。やればできる！　という自己肯定感を強めると、それがつぎの段階へのモチベーションになるだろう。

また、自分ひとりでやり抜けるかどうか自信がもてない場合は、補習中心の小さな塾に通って計算練習にはげむといい。自分のレベルに合わせて着実にこなすことが大切だ。

苦手意識は小テストで高得点を連続させれば解消できる

計算力不足を克服しつつあっても、いったん生じた苦手意識はすぐには消えないかもしれない。すでに何度も考えてきたことだが、小さな成功体験で自信をつけて、それを支えにしてもっと大きな成功体験をめざすという流れを確定させることが大切になる。

それが序章でとりあげた「自分はこうすればうまくいく」というやりかたを確立するということだ。テストで好成績を連続させれば苦手意識は少しずつ消えていくので、ずっと手抜きなしで突っ走るのがベストだろう。小さな成功を、つぎは本物の成功に引き上げるのだ。

数学は分野ごとに小さく分かれるので、その小さな部分をひとつずつ考えるのも有効だ。苦

手意識の少ない分野をまず克服して自信をつけて、そこを突破口にして他の分野へと広げていくやりかたでいい。順序をふんで、ゲームを楽しむ感覚でやるのもわるくない。

計算練習を続行しながら、その一方で苦手を小さなブロックに分けて、それを順序にしたがって一個ずつ壊していく。各分野の導入部の授業がいちばん大事なのだが、そこで集中しておかないと理解が中途半端になり、そのあいまいさが致命傷になることもある。

習いはじめの分野の教科書をじっくり読んで、「できる＋わかる」が完璧になるまで例題を解きなおしてみる。基本にもどって、その分野を「ここが得意だ！」といえるレベルにまで引き上げるのだ。計算力の伸びは理解する力もアップさせると信じてかまわない。

もちろん、どんなテストにも全力でぶつかること。

定期テストで結果を出すために、ほんの少し無理してもいい。睡眠時間をけずってでも準備を完全にしておきたいが、解きかたを丸暗記して、ひとまず高得点するやりかたも有効だ。ただし、テスト後の解きなおしをやって一時的な高得点を本物にしておかないといけない。

また、この勉強は「志望校に合格する」ための手段と割り切ってもいい。

問題が解けないときや解法がよくわからないときは、その問題をいったん放置しておいてもかまわない。他の問題を解いてから、もう一度チャレンジしてみると解けることもある。それ

150

第3章 数学 数学の成績を伸ばす最短メソッドを教えよう

成功体験をバネにコツコツ持続型に変身しよう

でも解けないときは、先生や数学が得意な友人に質問して「解ける」を達成する。たとえ苦手意識が消えていなくても、問題をこなしていくうちに「解くたのしさ」が味わえることがある。本当の「できる＋わかる」が達成できるとストレスは一気に消えるので、暗記科目のテストで正解したときの数十倍の「たのしさ」に気づくことができる。

ともかく中学の数学では先天的なものなどいっさい関係しない。もう少し努力すればだれでもできるようになるので、「自分のアタマは数学に向いていない」などと劣等感をもつ必要などない。我慢して苦手な部分にぶつかって、何度もくり返し解いていくだけでいい。

直近のテストで小さな成功を手に入れ、それをつぎのステップに連結させるときの急所は、一気に集中する型の比率を下げて、コツコツ型をとり入れるところにある。テスト前には一気に集中する型も活用しながら、長期を見すえたコツコツ型の比率を上げていくのだ。

東大生の多くは「毎日少しずつ」のコツコツ型を心がけているが、定期テストなどの大事な局面では、睡眠時間をけずって一気に集中する型でがんばったタイプもまた多い。

といっても、テスト直前につめこみ暗記して有効なのは社会科や理科のある分野などに限られる。数学では問題の解きかたを一夜漬けで暗記しても、それだけでは応用が利かないこともあるので、数字の異なる出題や少しひねった文章題などに対応できなくなる。

数学では、初級問題をこなして「できる」を実現しながら、その分野での考えかたや解きかたを完全に「わかる」にするのが基本形だ。例題や初級問題を解きながら「なぜその解きかたなのか？」を考え、正答することで「わかる」という流れになる。

つぎは中級＝典型問題の量をこなして、いろいろな出題パターンごとの解きかたを完全に身につけてしまうことが大切になる。それが応用力の土台をつくると考えてほしい。

こう考えてみると、テスト前のつめこみだけでは数学を得意教科にするのはむずかしい。できるだけ早くコツコツ持続型の比率を上げないと、せっかくの成功体験の賞味期限も切れてしまうだろう。そこから先への挑戦をためらっていると、成績向上など夢でしかなくなる。

また、東大生のほとんどは中学時代に「中級問題で演習する」ことを基本にしていた。難問題にとり組むのは中級問題をほぼ完璧にこなせるようになってからでいいし、場合によっては難問題などまったく解かなくてもかまわない。

「数学が苦手だったから基本問題をくり返し解いた。学校指定以外の市販の問題集を活用する

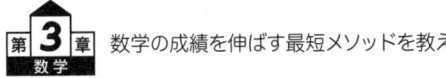

第3章 数学　数学の成績を伸ばす最短メソッドを教えよう

場合は、背伸びして難しいものを選ばないことが大事」と語るのは北海道出身のT・Mさんだが、自分の達成度（＝実力）を見きわめて基本問題だけにしぼった決断ぶりがすごい。

その一方で、難問にこだわった東大生もいる。

「授業で習った直後は基本から中級問題をくり返しこなして、別の単元に入ってから中級問題を復習し、総復習として後から難問をじっくり解くようにした」と語るのは宮崎県の私立宮崎第一中学〜高校出身のF・S君だが、数学が得意だったことによる判断と考えていい。

どちらもコツコツ持続型なのだが、T・Mさんは3年生からZ会の教室に週4回通い、九月からは週5回通っている。F・S君のほうは家庭教師でコツコツ型で得点力を高めていったという。

T・Mさんに成功体験は少なかったかもしれないが、大学入試のセンター試験でも得点できているし、現に東大文Ⅲに現役合格しているのだから、その苦手意識は他教科に比べてという程度だったのだろう。小さな苦手感などコツコツ型で消せると信じていい。

また、途中の計算ミスを単純ミスと呼ぶことがあるが、厳密にいうとそれは単なる書きまちがいではない。それを計算力不足と理解して、さらに計算能力を伸ばそうと努力するのが正解だ。それもまたコツコツ持続型によって克服していくほかに方法はない。

「いまやる!」にこだわって集中するのがベスト

少しでも苦手意識が生じると、その分野の復習などに積極的になれないし、「後でやるからいいや」と先送りしたくなることもある。そうした気持ちはわからないでもないが、だからといって優柔不断の状態から抜け出さないと、大切な「やる気」までが縮んでいってしまう。この勉強に身が入らない状態をスランプともいうが、これも苦手意識を消すのとおなじ方法でのり越えるのが正解だろう。ゆっくり休んで「やる気」が回復するのを待つのではなく、やるべき課題をがむしゃらに消化して打ち破ると、最短コースで脱出できる。

おなじように、夏休みなどをアテにして苦手克服を先送りすると、いざ本番になっても着手できない事態になることが珍しくないが、それでは学力に大きな穴があいてしまう。苦しくても、その場での解決をめざす——このやりかたでなければ成績を向上させることなどできない。くり返しになるが、問題が解けるとストレスが解消するので、それによる「たのしさ」で気分が一気に高まる。この効果をつぎへの意欲につなげればいいのだ。

問題量をこなすことについて「不安がなくなるまでやる」方針だったのは東京都出身のN・Y君だが、彼は苦手な分野は初歩の基本問題をしっかり解くことにこだわった。そして長期休

第3章 数学　数学の成績を伸ばす最短メソッドを教えよう

暇などをアテにしてやるべき課題を先送りしたがる傾向について「いつやるの？〈いまでしょう！〉的な感じ」と、流行語を使って批判的な助言をしてくれている。

このN・Y君は国立の筑波大附属駒場中学〜高校から現役で東大理Iに進んでいるが、「数学は好きで負けたくなかったので問題量をこなした」という。中学3年で30番（120名中）、高校3年でも30番（160名中）だった。最難関校のレベルの高さがわかるだろう。

このように現在の課題を先送りして学力に穴をあけるのもよくないが、気持ちのゆるみや油断などが原因で、痛いしっぺがえしをくらった東大生もいる。

「高校入学直後のことだが、春休み明けの最初の課題テストで赤点をとり、追試を受けるはめになった。悔しくて、それが以降の勉強へのモチベーション（＝やる気）になった」と語るのは、愛知県の公立中学〜県立半田高校から東大文Ⅲに進んだT・H君だ。高校への上位合格によって過信が生じたのかもしれない。

ここでは、一度や二度失敗しても、それを新局面へのモチベーションに格上げしていった強い気持ちを見習ってほしい。授業であってもテストであっても、その場その場でアタマの瞬発力を発揮することを心がければ、結果はついてくると考えるのが正解ということだ。

つぎは、学習内容に沿いながら分野ごとの注意点などを考えていこう。

典型問題を中心に解きかたのパターンに習熟しよう

ふたたび「予習・授業・復習」について考えてみよう

東大生の予習・復習への比重の置きかたは各人の性格や所属した中学の方針によってちがうが、共通するのは「授業の効果を最大にする」ための工夫をこらしたことだとわかった。

くり返すと、予習は授業をより活用するためのもので、予習により授業での効率性や吸収量が上がる。復習は定着させるために必要なもの、という関係であることもわかった。

大切なのは「授業の受けかた」だから、授業に集中するにはどういう準備（＝予習）が必要なのか、どのような家庭学習（＝復習）をしたら授業内容が定着するのか、ということだ。

予習でまず独力で解いてみて、何がわからないかを明確にする。復習では授業での解きかたをしっかり理解する——これが基本形だ。独力での予習であいまいだったところを授業中に理解し、授業のあとの復習で「自分のことば」で説明できるようにする。ここまでがひとまずの区切りで、あとはいろいろな問題の解きかたに習熟する、という流れになる。

第3章 数学の成績を伸ばす最短メソッドを教えよう

公立中学出身の東大生の多くは、授業中に質問されたときに返答できるくらいの予習（＝教科書を読むだけでもいい）をしておいて、復習時に学校指定の問題集をひたすら解くというやりかただった。自宅学習で問題をたくさん解くことで技能を定着させるやりかたでムリがないので、公立中学生にはぴったりのやりかただろう。

もちろん予習を重視して7割から8割の力を注いでおいて、復習は3割から2割ですませる公立中学出身者もいるが、それは数学が得意で成績もトップレベルだった場合が多い。数学がもともと得意で、さらに成績を伸ばしたいのであれば、予習重視のやりかたでもいい。

ちなみに、私立や国立の有力な中高一貫校では予習なしで授業を受けさせ、配布するプリントの問題の解きかたや考えかたを教え、その場で例題などを解かせるやりかたが多い。家庭学習ですごい量の宿題を解かせて、その日のうちに解きかたを定着させるのだ。

このやりかたの急所は、授業中に頭脳をフル回転させて「できる＋わかる」を実現したうえで、帰宅後の復習でさらに問題を解くことで、その日に一気に定着させるところだろう。

この100パーセント復習型の特徴は、基本問題の重視と典型＝中級問題をくり返し解かせるやりかたにも見られる。難問題を解かせる前に、あらゆるパターン（＝型）の宝庫である典型問題をたくさん消化させて、解いたことのない問題をゼロにする徹底ぶりがそうだ。

157

ここを見習えばいい。予習は軽めにしておいて、その日のうちに宿題などを終えること。余力があれば、学校で与えられた問題集の応用問題に手を出して、問題量をこなすのもいい。一度だけ解いて終わらないで、何度も解いて正答していくと、自信が大きくなるはずだ。

「数学が苦手なら復習に力を入れて、習ったところを確実にしていくべき。得意なら予習してどんどん先へ進めばいい」と語るのは神奈川県出身のS・Sさんだ。現在の実力に合わせてやりかたを調整するのもコツのひとつだが、まずは復習重視で土台を固めていきたい。

授業では加熱するほど頭を使うことが大切

先生がちがっても授業の進めかたに大きな差異はない。教科書の例題などを板書しながら解いていき、それを君たちがノートに書き写す。君たちに練習問題を解かせて、まちがえやすいポイントなどを先生が説明し、正答へのプロセスを示す、というのが一般的だろう。

先生の説明を耳と目で追いながら、宙に指先で筆算したり、手探りでメモしたり、小さな声でポイントを反復したりなど、身体動作をともなう頭脳活動を心がけるといい。英語で音読や手書きが有効なように、数学でも目・耳・口・手指を用いると注意力がアップする。

第3章 数学　数学の成績を伸ばす最短メソッドを教えよう

注意力が高まると、当然のことに理解力も高くなる。予習をして不明な個所をしぼっておくともっと「わかる」が早くなる。周囲の迷惑にならないように加減しながら、身体の感覚を活用して、不明なところを「いまこの場で」解決してしまうことをめざせばいい。

国立の東京学芸大附属中学は高レベルの生徒が多いことで知られるが、そこでの数学の授業は、①先生が問題を出す、②生徒が考える、③先生が教室を回り、いい解答の生徒（複数）に黒板に解法を書かせる、④それを見ながら全員で討論する、というやりかただという。先生からの一方通行的な説明ではなく、クラス全体を参加させて、いろいろな解きかたを考えさせる方式なのだ。討論が白熱すればするほど頭脳を働かせるので、印象深くて忘れにくい授業となるし、「主役は生徒なのだ」という位置づけが明確に打ち出されている。

また、週に一回は小テスト（15分くらい）が実施され、それが計算力をつけるのに役立つという。問題集は宿題にされ、自分で解いて○を付け、定期テスト後に提出する。

定期テスト後には模範解答が配られ、クラス全体で先生の解説を聞く。まちがえが多かった問題はつぎの定期テストにも出題されるので、緊張感がみなぎった授業になるという。自分の頭脳で考えるように誘導し、それに成功させて達成感を与えるやりかたともいえる。

この方式を見習って、先生に質問する、先生に指名されて答えるなど、授業に積極的に参加

ノートを工夫して解きかたが読みとれるようにしよう

数学のノートを、授業に対応した「予習・復習ノート＝授業ノート」と自習用の「計算ノート」に分けるやりかたもある。予習をするときは、予習・復習用のノートには問題を写し、途中の計算をていねいに書いて、自分の論理展開をきちんと残すのがふつうだ。

授業では先生の板書を写す必要があるし、その場で計算することもあるので余白をたっぷりとっておくといい。あとから書きこむことがあるので、ぜいたくに使うのがコツだろう。どうすることを心がけるといい。加熱するほど頭を使うと、忘れにくくなるのは事実だ。授業後の休み時間に問題を解いてみると、自分でも驚くほどラクに正答できるはずだ。

くり返しになるが、授業で頭をフル回転させた余熱が残っているうちに宿題などをこなすのがベストだ。がむしゃらに手を動かして筆算に打ちこむと、時間のロスが防げるし、計算ミスも減る。その日のうちに復習して、問題を解く技能を定着させてしまうこと。

簡単な足し算や引き算は暗算でもいいが、できるだけ手を動かして筆算するようにしたい。身体動作をともなうやりかたが脳を活性化させ、記憶力のアップにつながるからだ。

第3章 数学の成績を伸ばす最短メソッドを教えよう

しても必要だと思うのであれば、最初から計算欄をつくっておくのもわるくない。

予習・復習ノートは見やすさにこだわりすぎて時間をロスするのは本末転倒だろう。

ストだが、「きれいに！」にこだわりすぎて時間をロスするのは本末転倒だろう。

ある程度の汚れなどは勉強の足跡だからそのままにして、ノートを見開いてパッと目にしただけで解きかたの急所がわかるように、自分なりの工夫をこらすといい。計算ミスをしても消しゴムで消さないで、細い赤マジックなどで大きく×印を付けるのも効果がある。

空きスペースには、自分が考えた解きかたとは違う解法（＝別解）や証明のしかた、授業で指摘された注意などを書きこめばいいが、復習のたびに「書きこみ＋読み返し」をすることもあるので、重要事項にはマーカーなどで色付けしておくのもいい。

自習用の計算ノートは問題集などを解いていく過程を残すためのものだが、乱雑すぎる書きかたはよくない。解いていく手順を見直しできるように、ていねいに書くことを心がけてほしい。そうしないと計算ミスが減らないので、がんばっても正答率は向上しない。

とにかく計算のスペースを広くとって、大きめの字ですばやく筆算するといい。夢中になって頭と手指を働かせているうちに、瞬時に集中するコツが身につくし、計算の精度がアップしていくことが実感できる。そのレベルに到達するまでひたすら計算しまくること。

典型＝中級問題をたくさん解いて実戦力を高めよう

帰宅後の復習は、問題の解きかたに習熟することが目標なので、教科書と予習・復習ノートを早い時期に、自分の欠陥や失敗の穴をうめる作業を終えてしまうこと。

もちろん、「予習・復習用ノート」と「計算ノート」を1冊にしてもいい。予習でノートに問題を解いておいて、その下にスペースを空けておく。先生の説明での急所や計算上の注意などを書きこめばいいが、記憶に残りやすいように漫画風のメモを添えるのもいい。見やすさを重視するとノートの冊数が必要になるが、授業に合わせて3冊、4冊と増やしていって、それを自分の宝物にするのもおもしろい。それも工夫のひとつだろう。

また、テストでまちがえた問題などを「弱点ノート」としてまとめるのも効果がある。見開きにした左ページに答案のコピーを貼りつけ、右ページに解き直した計算の過程を残しておくと、どこで失敗しやすいかがわかるので実戦的な感覚がとぎすまされる。

時間の余裕がないときは、テストの答案をそのままファイルしておいて、つぎのテスト前に解きなおすだけでもいい。まちがえた問題の「解き直しまでが勉強」なのだから、できるだけ

第3章 数学　数学の成績を伸ばす最短メソッドを教えよう

（＝授業ノート）を見直してから宿題などをこなすこと。学校で与えられた問題集が宿題にされることが多いので、それを優先させて、指定された問題をていねいに解けばいい。

問題集は基本問題（＝例題）の解きかたを解説してから、初級問題、中級問題、上級（＝難）問題へと進むのが一般的だ。初級問題を基本チェック、中級問題を発展問題や完成問題と表現することもあるが、問題集によっては上級（＝難）問題をはぶいたものもある。

ともかく学校指定の問題集を一冊やり抜くことにこだわりたい。

授業で「なぜ？」が解消されていない場合は、基本問題の解きかたをなぞって、ていねいな筆算を心がけること。教科書とノートを読み直して、ある程度の「わかる」を達成したところで初級問題を解いてみると、自分勝手な思いこみや勘ちがいが見つかることもある。

その思いこみなどを解消するには、初級問題をすべて解いてみるといい。解きかたの手順にしたがって、頭での「わかる」と手を動かしての「できる」を一体化させるのがコツだ。筆算のスピードを少しずつ上げていって、正答を連発できるようだともう大丈夫。

東大生の多くが「手を動かすのが覚えるコツだ」と語っているが、問題を解くために手指を動かしながら、頭のなかでその論理展開をチェックして「つぎの手順」をさぐる――このような身体運動によって、記憶力や思考力などをふくむ能力が向上すると考えられている。

そのため、問題を読むだけで解いたつもりになっても頭脳はあまり活動しないので、すぐに忘れてしまう。初級問題だからといって軽視せず、きちんと解くことが大切になる。

つぎの典型＝中級問題は、過去の高校入試に出された問題のレベルと傾向がほとんどだ。問題の末尾に高校名が記してあるので、それらを解いていくと出題のレベルと傾向がつかめる。

いろいろな問題を解いていくと、どのような能力を試したいかという出題意図がわかると同時に、ミスを誘うように問題が作られていることもわかる。といっても良問が多く、だから典型問題とも呼ばれるのだが、このレベルの問題を解いていけば実戦向きの力がつく。

ここでは問題量をこなすことをめざしたい。量をこなせば出題型式に慣れるし、解答にいたる手作業にも習熟できるからだ。

ここで技能をみがいておくと、レベルの高い応用問題にも対応できる力がつくことは確実だし、テストでの高得点も約束される。

また、近年は自校作成入試を実施する公立校がふえている。東京都を中心とした公立トップ校がそうで、有力な私立校に流れがちだった生徒を引きもどそうとする動きだろう。心強いのは、良質な典型問題を解かせて優秀な生徒を選ぼうとしているところだ。

難問ではなく、工夫をこらした典型＝中級問題で選抜するところに公立校の誇りが感じられ

第3章 数学　数学の成績を伸ばす最短メソッドを教えよう

るが、それは典型問題の奥行きがどれほど深いかの証明でもある。少し視点を変えた典型問題を正答できる力をつければ、高校へ入っても数学で苦しむことはないだろう。

最上級＝難問題は基本的に解かなくてもいいが、解きかたへの疑問がゼロになり、しかも中級問題の量をこなして、それでもまだ時間の余裕があれば解いてみるのもいい。

家庭学習では解答を先に見て解きかたを覚えるのもいい

計算問題はねばって解いて習熟していくしかないが、その手順がわからないときは解きかたの解説を先に見るのもわるくない。それで「わかったつもり」にならないで、つぎは自力で解いて正答できるようにすること。あとで類似問題をたっぷり解くことも必要になる。

文章題では、中1や中2で習う「食塩の量や濃度の問題」「増減・売買などの割合の問題」「速さ・道のり・時間の問題」「2けたの自然数の問題」などがよく入試に出題されるが、これらの解きかた（立式のしかた）を苦手にするタイプはかなり多い。

食塩水の問題は「食塩の量」に注目して、食塩水全体の量に濃度（％）をかける方程式を立てればいい。割合の問題はもとにする量を文字（x）でおけばいいのだが、3分ほど考えても

立式できないときは、先に解説をよく読んで「なるほど！」と納得してから、もう一度チャレンジしてもかまわない。

独力で解くことにこだわって粘るのも大切だが、それだと時間が足りなくなる。「数学は半分ほどが暗記」ともいえるので、解きかたを知ってから計算にかかるのは邪道ではない。

たとえば、文章題をじっくり読んで、何が問われているかを理解し、つぎに図を描いて整理する。その時点ですぐに解答を見て、やりかたを覚えていく、という流れでもいい。

問題のねらいをつかんでも自分で解きにかからないで、先に解法の手順を見てよく考えてみる。その解きかたの意味がわかったら、それを暗記してしまう。つぎは自分で二度、三度と解いて正答する。さらに類似問題を二、三問こなして正答できると、もう大丈夫だろう。

このやりかたで注意したいのは、解きかたを読んだだけで「よしわかった！」と終わらせないことだ。自力で何度も解いてみないと本当の「わかる」に到達しないし、「できる」も実現できないのだから、すぐに手を動かして筆算に打ちこむのが正解だろう。

また、文章題での方程式のポイントは解の見直しにあると考えたい。方程式の解、すなわち x の値が問題の答えになるとは限らないので、文章題に合わせて最終的な答えを考えること。

解を導いたあとで、問題文を読み直して、検算してみる用心深さが欠かせない。

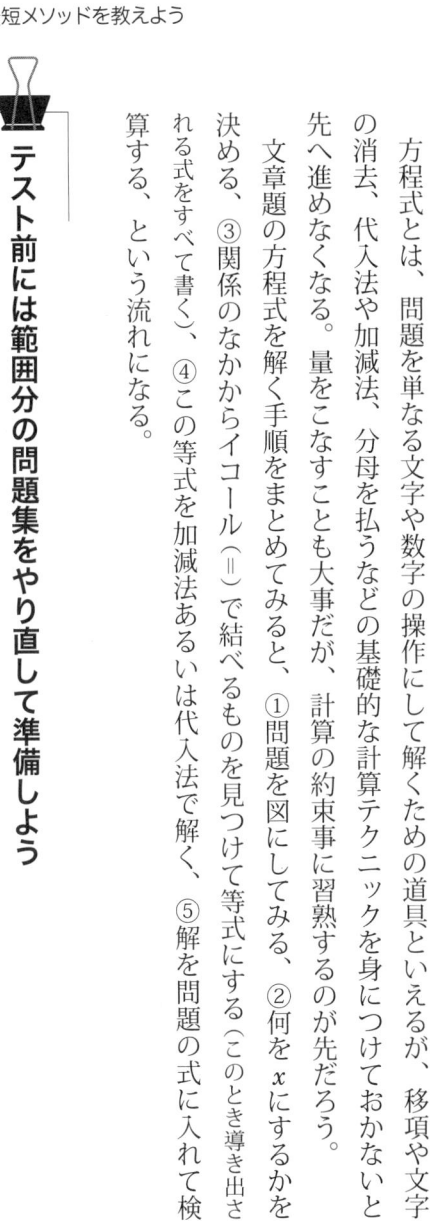

第3章 数学　数学の成績を伸ばす最短メソッドを教えよう

方程式とは、問題を単なる文字や数字の操作にして解くための道具といえるが、移項や文字の消去、代入法や加減法、分母を払うなどの基礎的な計算テクニックを身につけておかないと先へ進めなくなる。量をこなすことも大事だが、計算の約束事に習熟するのが先だろう。

文章題の方程式を解く手順をまとめてみると、①問題を図にしてみる、②何を x にするかを決める、③関係のなかからイコール（＝）で結べるものを見つけて等式にする（このとき導き出される式をすべて書く）、④この等式を加減法あるいは代入法で解く、⑤解を問題の式に入れて検算する、という流れになる。

テスト前には範囲分の問題集をやり直して準備しよう

どんなテストでも手を抜かないこと。数学は主要な3領域（数と式・図形・関数）ごとに内容がちがうので、直近のテストでの一時的な高得点を成績アップの起爆剤にもできるが、全力を出すのを怠ると得点は低下するし、その領域が弱点として残ってしまう。

定期テストで高得点するということは、その時点で学習した領域について習熟できたことを意味する。主要な3領域内はタテの系列になっているので、ひとつの領域で解ける力をつける

と、それが同じ領域のつぎの段階に生きてくる。だから手を抜いてはいけない。

それとは逆に、ある領域に小さな穴ができると同じ領域のつぎの段階に影響するので、できるだけ早くその穴を埋めないといけない。中間テストでのつぎの高得点をねらって、徹底したやり直しを急ぐこと。中間テストでの不成績は、期末テストをがんばってとり返せばいい。

毎日少しずつ勉強する習慣づけができていない場合は、一夜漬け的な方法でもかまわないので、範囲内の典型問題などの解きかたを丸暗記してテストにのぞんでほしい。

ここで大切なことは、「この努力をつぎにつなげる！」という見通しをもっておくことだ。真剣にとり組んでおけば、目標の点数にとどかなくても、テストのやり直しにも真剣にとり組めるからだ。悔しさをバネにして、正答できなかった問題を何度も解きなおせばいい。

その「つぎにくる」のが期末テストなのか、それともつぎの学期なのかは場合によるが、近い将来に生きてくることは確実なので、その時点までがんばりを持続させること。

「範囲分の問題は、問題集を1周目に全部解いて、2周目は解けなかった問題や難しいと感じた問題を解く。3周目は2周目でも不安な問題を解き、わからなかった問題は答えを思い出せるレベルまでやった」と語るのは東京都出身のR・Y君だが、この徹底ぶりはすごい。

また、宮崎県出身のF・S君は図形が苦手だったが、「問題をひたすら解いて、解答を覚え

第3章 数学の成績を伸ばす最短メソッドを教えよう

こんでから理解した」という。また、テストで不正解だった問題は「当日のうちにわからない原因や個所をしっかりつきとめた」というので、「つぎにつなげる」努力を怠っていない。気をつけテストで不正解だった問題とその類似問題のやり直し――これが解答力を高める。気をつけていても二度、三度と間違えるのはしかたがないが、やり直していくうちに頭脳と手指が正答する道すじを覚えてしまう。こうして技能が定着すると、自信がついてくる。

「テスト前に範囲分の問題集をくり返して解くと、だいたいの問題が網羅できるはず」と語るのは千葉県出身のK・T君だが、テストの答案のやり直しは「解けた答案から得るものは少ないので、解けなかった答案を大事にするといい」とも指摘している。

進学塾などの模擬テストを受けると相対的な学力レベルがわかるが、また同時に解けなかった問題をやり直しするチャンスにもなる。各種の問題の解きかたに習熟していけばいくほど死角のない解答力が身につくし、それがまた成績向上にもつながるだろう。

志望校の過去問を解いて出題レベルと傾向を知ろう

首都圏中心の有力な公立校は自校作成入試にこだわっている。優秀な生徒を選抜して大学進

学の実績を上げようという考えによる措置だが、自校の特長を強く打ち出すためには、従来のような他校と同一の問題による学力判定では不十分だと判断したのだろう。

入試制度は学力の達成度をみるのが建前だが、問題の作りかたにはミスを誘って失点させるなどの作為的な面もある。落とすための制度なのだから、そこは覚悟しないといけない。

公立トップ校の先生が作成する問題には良問が多いが、君たちには志望校の過去問を解くことが必須とされる。ふつうの問題集にも一部が載っているが、『全国高校入試問題正解』（旺文社刊）が市販されているので、それを活用するのが手っとり早い。

とくに3年生に夏休みのころから志望校の過去問を解くことを開始したいが、入試問題といっても学校のテストと同じ形式なので、恐れる必要などない。その高校の出題レベルと傾向を早くつかんで、腰をすえて準備にとりかかれば関門など突破できる。

問題をノートに写すのに手間はかかるが、それも解きかたに習熟するためのひとつの手順と考えてほしい。二度、三度と解くことを決めておいて、一度目は制限時間を無視して一問ずつ解くやりかたでもいいし、問題を分割して二、三日にわたって解いていくのでもいい。

単純な計算問題は別だが、典型問題などは一度目に解けなくても不安がらなくていい。解説の解きかたを覚えてから再度チャレンジして正答できれば、それでもう大丈夫。

第3章 数学　数学の成績を伸ばす最短メソッドを教えよう

一度目に不正解だった問題を○付けしておいて、数日してから二度、三度と解く。東大生の多くは「忘れたころに解いてみる」ことを心がけていたが、それを見習って、週末などに解きなおすのも効果がある。同じ問題を何度も解くことで技能はぐんぐんアップする。

「問題を解くときは答えだけでなく、計算の過程をすべてしっかり書く。手を動かしているうちに頭のなかがだんだん整理されてくる」と語るのは、神奈川県出身で東京の麻布中学～高校から東大理Ⅰへ進んだＭ・Ｈ君だ。彼は「自分で書いたものを言葉で説明しながら計算を展開することの大切さ」も指摘している。

解きながら「なぜそうなるのか？」を確かめて小声でつぶやく——この筆算のやりかたに習熟すると計算ミスをしないし、見当はずれの答えを導くこともなくなる。

何度もくり返したら、つぎは実際のテストと同じ条件で解いてみるといい。制限時間内に全問を解くやりかたに挑戦して、終えたら採点も自分でやる。高得点できなくても落ちこむことはない。合格点めざして「できるまでやる！」を持続させれば道はひらけるはずだ。

入試二か月ほど前には時間内に終えることを強く意識してほしい。

テスト問題を解くときは、それまでの成功と失敗の体験を生かすことも大事だ。「問題を解く順序」や「時間配分」などに理由づけをして、制限時間内で100％をめざすこと。

その他の公立校受験に向けてのやりかたはこれと同じでいいし、多くの私立校もこの方式でいいが、難関とされる有力な私立・国立校へはこれだけでは十分といえない。つぎはなぜそうなのかを検討して、それらの難関校への対策などを考えてみよう。

難関校入試は範囲を超える内容や技能で対応しよう

本章の冒頭で学習内容が変わったことについて考えたが、これは主として公立中学を対象にしたものと受けとめてほしい。私立の有力校や国立大附属校などは範囲にこだわらずに出題するし、範囲内であっても特別な技能を使うほうが解きやすいものも出題する。

それらの有力校は大学への進学実績はすばらしいが、中高一貫校もふくまれるので、高校での募集定員が少ないところが多い。この「狭き門」に優秀な受験生が押しかけるのだから、入試問題はかなり高度なレベルにならざるを得ないのだろう。

有力校の入試問題は「この難度の問題が解ける生徒がほしい」という基準を示すメッセージでもあるので、ふつうの勉強のしかただけで合格するのは難しいと考えてほしい。

現在の到達度にもよるが、遅くても3年生の1学期から志望校の過去問を解いてみて、どれ

第3章 数学　数学の成績を伸ばす最短メソッドを教えよう

くらい合格への道が長くてけわしいかを頭にたたきこんでおく必要がある。
難関校の入試には難問が出ることもあるが、受験生の正解率は低いので、その問題で受験生のあいだに点差はつかないと考えていい。それよりも、やや難程度の問題を8割ほど得点すれば合格圏に入れるはずなので、やはり典型＝中級問題が解けることが決め手になる。
公立校入試の典型問題を解いて穴のない解答力を身につければ突破できるはずだが、出題傾向を分析して勉強のやりかたを工夫するのは、独力ではムリだ。専門家の指導を求めて、大手の進学塾やZ会の進学教室などで受験テクニックをみがくのが正解だろう。
そこでは高校数学の技能をふくむ別の解きかたや、有力校の問題向けの裏ワザまで教えてくれるので、計算の手間がはぶけるという。その技を知っているとすばやく確実に正答できるのに、知らないと計算が複雑で時間不足になるというから、その差は大きい。
多くの東大生が大学入試時に予備校の東大コースに通ったのと同じで、志望校の問題の解きかたなどを教えてもらうのが近道となる。とくに数学は別の解きかた（＝別解）を覚えると一気に得点力が伸びるので、あれこれと悩まないで早目に決断するほうがいい。
また、Z会の通信添削はレベルの高さと解説のていねいさに定評あるので、それで鍛えるのも有効だ。といっても制限時間内に解けない問題が珍しくないので、現在の学力がある水準に

達していないと、歯が立たなくて苦しくなることは知っておこう。

このZ会の通信添削は実際にかかった時間をメモしておいて、完成させた答案を送付するのが裏ルールだ。解けないからといってそのまま放置したのではムダになるし、答えが合っているかどうか以上に、採点者が赤ペンで書きこむ解説や助言などが役に立つからだ。

山形県出身のK・D君が活用した進研ゼミもいい。こちらも「答案を採点者に見てもらう」のが大きな利点だが、これらのシステムは夏休みなどに特別教室を開くことがあるので、地方在住の人はそれを利用して先生のナマの声で教えてもらうのもいい。

受験がまだ先の2年生だと、市販されている過去問シリーズ本を活用して勉強計画を立てることもできる。都道府県別の公立校や私立・国立校別に過去4〜5年分の入試問題が収録されているので、志望校の出題を読んでみて、それから対策を考えるやりかたになる。

授業で習っていない分野があっても、過去問を知ろうとする気持ちはあっていい。受験までに合格点がとれる学力を身につければいいのだから、余裕をもってがんばれるだろう。

つぎは数学の3領域（数と式・図形・関数）の内容を中心にさらに具体的に考えてみよう。「範囲を超える内容」もとり上げるので参考にしてほしい。

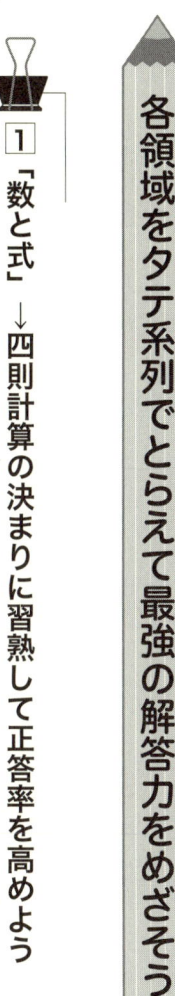

第3章 数学　数学の成績を伸ばす最短メソッドを教えよう

各領域をタテ系列でとらえて最強の解答力をめざそう

①「数と式」→四則計算の決まりに習熟して正答率を高めよう

ここでは「数と式」「図形」「関数」の３領域全体と「場合の数・確率」について、タテの系列（＝前後のつながり）でとらえて、よく出題される急所について考えてみる。高校入試では総合力が問われるので、苦手な分野をそのつど解消していくことが大切になる。

各領域は前に学習した内容に新しいものを積み重ねていく構成なので、小さな段階ごとに疑問ゼロを達成しながら、計算技能を高めていけば最強の解答力が身につくだろう。

１年生で「正負の数」「正負の数の四則計算」「文字式」「１元１次方程式」まで、２年生で「文字式の四則計算」「連立２元１次方程式」まで、３年生で「平方根」「式の展開と因数分解」「２次方程式」までを学習するが、以下では入試出題の形式にそって検討する。

❶ 数の計算――難問はないが計算ミスで失点しないように

テストの第一問は「数の計算」という形式が多い。正負の数の四則計算は公立校入試でよく出題されるが、計算順序とプラス符号・マイナス符号、分数の計算手順、乗法・除法での分配法則と指数法則などを、頭で考えなくても手指が動くレベルにまで鍛えておきたい。

四則計算では「累乗(るいじょう)の計算→かっこ内の計算→乗法・除法の計算→加法・減法の計算」の順序で、分数の加法・減法では「通分して分子の計算をする」、分数の乗法・除法では「帯分数は仮分数に直して計算する」、分数計算は「約分をすませた分数で答える」などが大事。

また、「正負の数でわることは、その数の逆数(分母と分子を入れかえた数)をかけることと同じ」「乗法と除法の混じった計算の答えの符号は、負の数が偶数個のとき（＋）、奇数個のとき（－）」「負の数の累乗と符号は、偶数乗のとき（＋）、奇数乗のとき（－）」も大事。

簡単な計算は暗算でもいいが、できるだけ筆算の過程を残すことにこだわりたい。符号ミスや約分ミスに注意しながら計算に熱中していると、速度と正確さは必ず向上する。

❷ 文字式・不等式・式の計算――公式や法則を使って計算に強くなろう

第3章 数学 数学の成績を伸ばす最短メソッドを教えよう

 文字式では「かけ算記号の×をはぶく」「文字と数の積は、数を文字の前に書く」「文字の積はアルファベット順に書く」「同じ文字の積は、累乗の指数を使って書く」「わり算では記号（÷）を使わないで分数の形で書く」などの決まりを守ること。公立校入試では、何かの「数量を文字式で表しなさい」という文章問題が出されるが、今後はその一部に不等式をあつかう問題も出てくると予想される。現在は1年生で不等式を用いた表現を習うが、実際の計算などは方程式と比べながら覚えるほうがいい。

 式の計算では、やさしい式の加減の問題や単項式の乗除、多項式と単項式の乗除、式の展開などが公立校入試で出題される。確実に得点するために、計算に習熟しておくこと。

 ここでは「単項式の乗法は係数どうし、文字どうしをかける→このとき同じ文字の積は累乗の形にする」「単項式の除法は分数の形にする→わられる式を分子に、わる式を分母に」「単項式で乗除混合のときは乗法だけの式に直してから」計算する、などが大事だ。

 また、「多項式と単項式の乗法では分配法則を使って（ ）をはずす」「多項式を単項式でわる計算では、分数にして考える」なども大事なので、その理由も考えておこう。分数または分数の形の式では、「分子と分母を入れ換えたもの→元の数または式の逆数になる」ことを頭に叩きこんでおくこと。除法を乗法に直すときの逆数に注意すること。

[数と式の計算]の重要ポイント 1

■ 因数分解 2

⇨ 「たすきがけ」 $acx^2+(ad+bc)x+bd=(ax+b)(cx+d)$ → ①

x^2の係数	定数項	xの係数	例：$2x^2+5x+3$
a ╲ b →		bc	1 ╲ +1 → 2
c ╱ d →		ad	2 ╱ +3 → 3
ac	bd	$ad+bc$	2　+3　5

☞ ななめどうしをかけ合わせて足した値が、真ん中の項の係数 +5と一致する

①により $ac=2$、$ad+bc=5$、$bd=3$ となる

　　　　　　　　　　　　　（答）　$(x+1)(2x+3)$

■ 因数分解 3

⇨ 平方の差の公式にもちこむ　$a^2-b^2=(a+b)(a-b)$ の形

$(x+y)(x-y)-(2x-1)=x^2-2x+1-y^2=(x-1)^2-y^2$
$\qquad\qquad\qquad\qquad\quad =(x+y-1)(x-y-1)$　（答）

■ 因数分解と乗法公式

⇨ 数式の計算に利用

$(a+b)^2=a^2+2ab+b^2 \qquad (a+b)(a-b)=a^2-b^2$

例 $102^2=(100+2)^2$
$\quad =100^2+2\times 2\times 100+2^2$
$\quad =10000+400+4$
$\quad =\mathbf{10404}$　（答）

例 722^2-719^2
$\quad =(722+719)(722-719)$
$\quad =(719\times 2+3)\times 3$
$\quad =1441\times 3=\mathbf{4323}$　（答）

覚えておきたい展開公式

⇨ $(a+b+c)^2=a^2+b^2+c^2+2ab+2bc+2ca$

第3章 数学　数学の成績を伸ばす最短メソッドを教えよう

■ 指数法則

⇨ これを覚えて計算スピードを上げよう

(1) $a^m \times a^n = a^{m+n}$ （例）$x^2 \times x^3 = x^{2+3} = x^5$

(2) $(a^m)^n = a^{m \times n}$ （例）$(x^2)^3 = x^{2 \times 3} = x^6$

(3) $(ab)^n = a^n b^n$ （例）$(x^2 y^3)^2 = x^{2 \times 2} y^{3 \times 2} = x^4 y^6$

(4) $\left(\dfrac{a}{b}\right)^n = \dfrac{a^n}{b^n}$ （例）$\left(\dfrac{z^3}{xy^2}\right)^2 = \dfrac{z^{3 \times 2}}{x^{1 \times 2} y^{2 \times 2}} = \dfrac{z^6}{x^2 y^4}$

■ 単項式の乗法・除法

$(-3ab)^2 \div (-\dfrac{2}{3}a^2 b) \times (-2^2 ab)$

$\to$ 予式 $= \dfrac{9a^2 b^2 \times 3 \times 4ab}{2a^2 b} = \bm{54ab^2}$　（答）

計算の手順

①マイナス（－）の個数が4つなので、全体の符号はプラス（＋）
②除法は乗法に直し、1つの分数の形にする
③数字と数字どうし、文字と文字どうしを約分する

■ 因数分解 1

⇨ 複2次式（$x^4 - x^2 - 4$のように x、x^3 の係数が0の式）の場合
　$x^4 - x^2 - 12$ → $x^2 = A$ とおいて2次式に変形する

予式 $= A^2 + A - 12 = (A+3)(A-4) = (x^2+3)(x^2-4)$

（答）　$\bm{(x^2+3)(x+2)(x-2)}$

❸ 数と式の計算 ── 因数分解・平方根などの計算をたっぷりやろう

多項式の加法は「かっこをはずす→同類項をまとめる」の順で、多項式の減法は「引く式の符号を変えてかっこをはずす→同類項をまとめる」の順で計算する。

多項式の各項を、次数の高い項から順に低い項へと並べることを「降べきの順に整理する」というが、多項式のタテ書きの計算で、同類項をタテにそろえて、減法は引く式の符号を加法に直して計算するときに、この処理のしかたが役に立つ。

積の形で書かれた式を、計算して和の形の式に表すことを、「もとの式を展開する」といもうが、そのとき乗法公式と分配法則が使われる。また、複雑な式を展開するときに、共通因数を別の文字（AやB）に置き換えて計算するテクニックも覚えておきたい。

展開したときの係数を問う問題では、すべての展開をしないで、たとえば x^2 などの問われている項の係数だけを展開して求めて、計算を簡略にするやりかたもある。

多項式をできるだけ簡単な（＝いくつかの単項式や多項式の）積の形に表すことを因数分解するといい、積の形で表されたひとつひとつの式を「もとの多項式の因数」という。

因数分解の手順は「共通因数をくくり出す→乗法公式・たすきがけを利用する→置き換え

を利用する」が基本形だ。それは、㋐共通因数があればくくり出す、㋑公式を利用する、㋒偶数個の項をもつ式では、どれか2つずつを組み合わせてみる（置き換えの利用）、㋓最低次数の文字について整理する、㋔まとまったものを1つのものとみる(置き換えの利用)、というやりかたになる。

まず因数分解の公式を活用できることが先決だが、「たすきがけ」の因数分解のやりかたや、共通因数を別の文字（xやy）に置き換えるやりかたにも習熟してほしい。

因数分解は、すべてのかっこのなかが、これ以上は簡単にならない（＝因数分解できない）ところが終着点なので、最後に自分の答えを見なおしてみることが大切だ。とくに「置き換え」を利用するときに、もとの形にもどしたあと、これ以上できないことを確認する。

また、「複2次式」の因数分解、「平方の公式の和と差の形」をつくるやりかたなどもたっぷり練習すること。私立・国立有力校の問題を解いて、高度な解法にも慣れておきたい。

等式の変形では、等式の性質をたたきこむこと。等式は、㋐その両辺に同じ数を足しても成り立つ、㋑その両辺から同じ数を引いても成り立つ、㋒その両辺に同じ数をかけても成り立つ、㋓その両辺を0でない同じ数で割っても成り立つ、という性質を利用して、与えられた等式を変形させて計算のしかたを工夫すること。

平方根は3年生で習うが、根号をふくむ式の四則計算に習熟することが大事だ。平方根の

大小比較、平方根の近似値計算、平方根の整数部分と小数部分、式の値などの求めかたの一部に範囲外(高校の内容)もふくまれることに注意。有力な私立校などが範囲外の内容も出題するので、そのための対策が欠かせないのだ。

代表的な平方根の近似値の「一夜一夜に人見ごろ」「人なみにおごれや」「富士山麓オウム鳴く」などや、代表的な平方数を覚えておくと答えの見当がつくので計算ミスが減る。

平方根の整数部分と小数部分についての問題は私立の有力校でよく出題される。根号をふくむ式は、小数になおすと整数部分と小数部分に分かれることを問題にしたものだが、整数部分 a と小数部分 b として「式の値」を求めさせる出題形式がパターンとなっている。

根号をふくむ式の計算では、乗法・除法、加法・減法、分母の有理化などに習熟しておきたい。分母が根号をふくむ数であるとき、分数の値を変えないで、分母が有理数(＝整数や分数で表される数)の分数に変えることだが、とにかく計算に習熟することが大切だ。

ここでの工夫として、乗法公式や因数分解を利用する、計算順序を変える、置き換えを利用するなど、できるだけ計算量を減らして正答への最短ルートをめざすこと。

2 「数の性質・場合の数・確率」→典型問題をたくさん解こう

ここは数の分類を理解しているかどうかを問う問題や、有理数と無理数、整数や自然数(正の整数)の性質などについて出題される。また、平方根とからめた平方数、循環小数、位取り記数法など、いろいろなパターンの問題を解いていく必要がある。

一部に範囲を超える内容もあるが、有力な国立・私立校入試でよく狙われるし、中堅の私立校でも出題するので、その考えかたと解きかたに習熟しておきたい。

❶ 数の性質──基本的な考えを理解して解きかたを覚えよう

数の定義として、整数や分数で表される数が有理数で、有理数でない数を無理数(循環しない無限小数のπなど)という、有理数と無理数を合わせて実数という、などを理解する。現在は有理数と無理数は1年生の内容となっているので、基本知識をしっかりさせよう。

整数の問題では、整数と自然数のちがい、素因数分解、わり算の商と余り、整数解の問題、公約数と公倍数についての文章題などが出題される。有力校などの過去問の解きかたを覚えながら、数の定義への理解を深めていくやりかたがいいだろう。

[数と式の計算]の重要ポイント 2

■平方根の整数部分・小数部分

⇨ 数Aの整数部分とはAより大きくない最大の整数

例 $(1+\sqrt{2})^2$の整数部分をa、小数部分をbとするとき、$\dfrac{2}{5}a+b$の値は?

$(1+\sqrt{2})^2=3+2\sqrt{2}=3+\sqrt{8}$

$2^2<8<3^2$ なので $2<\sqrt{8}<3$

それぞれに3をプラスすると、

$5<3+\sqrt{8}<6$ となり、

$a=5$が決定する。

小数部分は$b-a$なので

$b=(3+\sqrt{8})-5=-2+\sqrt{8}=-2+2\sqrt{2}$

$a=5$ $b=-2+2\sqrt{2}$ を $\dfrac{2}{5}a+b$ に代入すると、

$\dfrac{2}{5}a+b=2-2+2\sqrt{2}=2\sqrt{2}$

(答) $2\sqrt{2}$

■循環小数

⇨ $0.666\cdots=0.\dot{6}$などは分数で表すことができる

例 $0.\dot{6}$を分数になおすと?

$0.\dot{6}=a$とおくと $10a=6.666\cdots\cdots$、$a=0.666\cdots\cdots$

$10a-a=6$ →$9a=6$

$\therefore a=\dfrac{2}{3}$

(答) $\dfrac{2}{3}$

第3章 数学の成績を伸ばす最短メソッドを教えよう

■平方数・自然数・整数・根号をふくむ数の問題

例 120に自然数Aをかけて、ある数の2乗になるようにしたい。そのような自然数Aのうち、もっとも小さい数は?

$120=2^3\times 3\times 5$であるから、$120\times A=$(平方数)を満たすもっとも小さい自然数Aは、2, 3, 5をひとつずつ素因数にもつ数、30である。　　　　　　　　　　　　　　　　　　　　（答）**30**

☞ 平方数を素因数分解すると、素因数の指数は偶数になる。

例 $5<\sqrt{2n}<6$を満たす整数nはいくつあるか。

各辺を2乗すると　$25<2n<36$
各辺を2で割ると　$12.5<n<18$
これを満たす整数nは13, 14, 15, 16, 17の5個

（答）**5個**

例 $a=\sqrt{2}+1$、$b=\sqrt{2}-1$のとき、$a+b$、$a-b$、abのうちもっとも小さい値になる式は?

　$a+b=2\sqrt{2}$,　$a-b=2$,　$ab=1$

それぞれを2乗すると、$1<4<8$となり、$1<2<2\sqrt{2}$となる。
したがって求める式はab　　　　　　　　　　　　（答）**ab**

例 $\sqrt{120n}$が整数となるような正の整数nのうち、小さいほうから2番目の数は?

　$\sqrt{120n}=2\sqrt{30n}$

$n=30k^2$(kは自然数)とおくと求めるのは小さいほうから2番目の正の整数なので、$k=2$を代入すると、

　$n=30\times 2^2=120$　　　　　　　　　　　　（答）$n=120$

☞ $\sqrt{}$が整数になる → 根号の中が0または平方数になればいい。

整数の2や3のように約数の個数が2つしかない数を素数という、整数をいくつかの素数だけの積として表すことを、その数を素因数分解するという。その素数を素因数という。なかの定義を、手指を動かして問題を解きながら、頭に入れていくことが大事だ。

平方数とは、ある自然数の2乗になっている数のことで、素因数分解するとすべて偶数であり、平方数の平方根は整数である。ここでは素因数分解を利用して、平方数（根号の値が整数）になる条件を考えさせる問題が多いので、しっかり理解しよう。

位取り記数法では「5進法で（412）で表される数は、10進法ではいくらか」という出題が典型なので、5進法などの記数法の意味をよく理解しておくこと。

わり算の商と余りは、「わられる数」＝「わる数」×「商」＋「余り」（「余り」は「わる数」より大きい）の式で対応できるので、類似の問題をたくさん解いて覚えてしまうこと。

循環小数（同じ数字の並びが限りなくくり返される小数）は分数で表すことができるが、循環小数どうしの計算は分数になおして計算する。循環小数の記号（・7）にも慣れること。

整数解の問題は、解は整数（自然数）という条件で出題されることが多いが、与えられた等式が複数の文字をふくむため、解が1組とは限らない（2組以上あるのがふつう）。具体的な値を1つずつ代入する、因数分解を利用する、などで解けるので覚えてしまおう。

公約数と公倍数は、最大公約数と最小公倍数の求めかた(=連除法)、倍数の見つけかたを身につけたい。たとえば、2の倍数は下1ケタが偶数または0、4の倍数または00、5の倍数は下1ケタが5または0となる。3の倍数は各位の数の和が3の倍数となる、などを覚えておきたい。

有力な私立校ではさらに手数のかかる問題も出されるので、過去問をこなしてみて、その考えかたや解きかたの必然性をしっかり理解しておくこと。

❷ 場合の数・確率・規則性の問題──樹形図や表を利用しよう

場合の数とは、ある事柄の起こりかたの総数をいうので、起こりうる場合をもれなく重複することなく数えればいい。サイコロを2つ投げる問題では「6×6の表」書いて考えるが、そのような解きかたを覚え、樹形図なども用いて数え上げていく技能をみがけば大丈夫だ。

また、起こりうる結果が全部でn通りあり、そのどれが起こることも同様に確からしいとすると、ことがらAが起こるのがa通りであるなら、$\frac{a}{n}$をAの起こる確率ということを理解すること(確率は1を超えない)。確率は樹形図を用いて数え上げればいい。

公立校入試では、1から5までの数字を1つずつ記入した5枚のカードを引いて、その数

を十の位、2回目に引いたカードの数を一の位にして「整数をつくる」問題などがよく出題される。問題量をこなせば出題の傾向がつかめるが、計算技能よりも、もれなく数え上げるていねいさが決め手となるので注意したい。

同じく公立校入試では、図形や数字、タイルなどを並べて、その規則性について考えさせる問題もよく出される。調べて数え上げれば正解できるが、これらの問題はじつは等差数列（＝差が一定の数列）の公式で解ける問題でもあることを知っておこう（範囲外の内容）。

③「方程式の解法と応用」→量をこなしてすべての解法を身につけよう

ここでは方程式の解きかたに習熟することが先決になる。「等式の移項」や2元1次方程式での「代入法・加減法」などの計算技能に習熟して、さらに2次方程式で計算技能などにも習熟しないと前へ進めないので、ある程度の問題量をこなすことが求められる。

❶ 1次方程式・不等式・連立方程式──式を整理する技能に習熟しよう

1次方程式の解きかたは、㋐係数が分数の場合は整数に直す、㋑式にかっこがあればはず

第3章 数学　数学の成績を伸ばす最短メソッドを教えよう

す、㋒文字をふくむ項を左辺に、定数項を右辺に移項する、㋓両辺をそれぞれ整理して$ax=b$の形にする、㋔両辺をxの係数aでわって解を求める、という手順だ。

この㋐の段階では両辺に分母の最小公倍数をかけて係数を整数にするけど、これを「分母をはらう」という。分子の1次式にかっこをつけると計算ミスが減ることも覚えておきたい。

不等式は1次方程式と同じように移項などで整理して$a x \vee b$の形にし、両辺をaでわる。ここでは不等式を成立させる変数の値の範囲を「不等式の解」といい、解の全体を求めることを「不等式を解く」と表現することを、数直線を用いて理解しておこう。

aが負の数であれば不等号の向きが変わる。つまり、負の数をかけたり、負の数でわったりすると不等号の向きが変わる性質があり、そこが好んで出題される傾向がある。

数の大小や整数の問題、文字係数の値や範囲を求める問題などがそうで、文章題では、速さ・時間・距離の問題、塩分の濃度の問題、売買・利益・割合などがよく出題される。

連立（2元1次）方程式は、代入法か加減法によって、2つの方程式からy（またはx）を消去して、x（またはy）の方程式をつくる。3つの文字をふくむ連立（3元1次）方程式も同じ手順で解ける。$A=B=C$の形の連立方程式も解いておきたい。

[不等式と方程式]の重要ポイント

■ 解の公式

⇨ 2次方程式 $ax^2+bx+c=0\,(a\neq0)$ の解

$D=b^2-4ac$ とおくとき

$D>0$ のとき,異なる2つの実数解

$$x=\frac{-b\pm\sqrt{b^2-4ac}}{2a}$$ をもつ

$D=0$ のとき,重解 $x=-\dfrac{b}{2a}$ をもつ

$D<0$ のとき,解をもたない

解の公式で解く場合

① x^2 の係数が1でないとき
② x^2 の係数が1であっても、うまく因数分解できないとき

■ 平方完成

⇨ $(x+p)^2=q\,(q>0)$ の形にして解く

$(x+p)^2=q \;\to\; x+p=\pm\sqrt{q} \;\to\; x=-p\pm\sqrt{q}$

例 $x^2-6x-4=0$
$x^2-6x=4$

両辺に x の係数の半分の2乗(平方)を加えると、

$x^2-6x+3^2=4+3^2$
$(x-3)^2=13 \quad x-3=\pm\sqrt{13}$

(答) $x=3\pm\sqrt{13}$

第3章 数学　数学の成績を伸ばす最短メソッドを教えよう

■不等式

⇨ **連立1次不等式を解く＝解の全体を求める**

例 $3(x-1) < 2x-1$ ……①

$x-8 \leqq 3x+2$ ……②

①を解くと，$x < 2$ ……①′　②を解くと，$x \geqq -5$ ……②′

①′, ②′を数直線上に表すと，

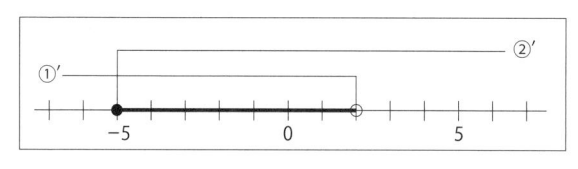

したがって、①′②′より　　　　　　$-5 \leqq x < 2$　（答）

■比の形で表された連立方程式の2つの解法

⇨ **比の形 $a:b=c:d$ は**

① $ad=bc$ と変形して解く

② $\dfrac{a}{b} = \dfrac{c}{d} = k$　（または $\dfrac{a}{c} = \dfrac{b}{d} = k$）とおいて解く

例 $(x-3):(y-5):(x+y)=3:5:16$ のとき、x と y の値は？

$(x-3):(y-5)=3:5$ より、$5(x-3)=3(y-5)$

$5x-3y=0$ ……①

$(x-3):(x+y)=3:16$ より、$16(x-3)=3(x+y)$

$13x-3y=48$ ……②

②-①より、$8x=48$　∴ $x=6$

これを①に代入して，$y=10$

　　　　　　　　　　　　$x=6$　$y=10$　（答）

❷ 2次方程式・文章題への方程式の応用──文章題を解くパターンをつかもう

2次方程式は、因数分解で解く、平方の形に変形して解く(平方完成)、解の公式で解く、の3つの解法を完璧に身につけたい。符号が負の係数や係数が分数のときの2次方程式を解くには正確な計算力が求められるが、負の数を2乗したり、分母を払ったりするときは( )をつけるクセをつけると計算ミスが減ることを知っておこう。

1次方程式を用いる文章題について復習すると、㋐わかっている数量とわからない数量を区別して、何を x にするかを決める、㋑等しい関係にある2つの量をもとに方程式を立てる、㋒式を解く、㋓求めた解が条件に合うかを検討し、必要なら単位をつける、という手順だ。

くり返すと、食塩水の問題では食塩の量をもとに式を立てる、価格・割合の問題は価格をもとに式を立てる、速さ・時間・距離の問題は時間か距離をもとに式を立てる。

連立方程式の応用でも類似した問題が出される。量や単位当りの量の問題では、(量 y) = (単位当りの量 a) × (単位数 x) をもとに、x と y に着目して連立方程式を立てる。

2次方程式の応用では、面積の問題、連続する自然数や整数の問題、運動の問題、割合と運動の問題、割合の問題、割合と体積の問題、割合と売買の問題、割合と濃度の問題などがよく出される。

第3章 数学　数学の成績を伸ばす最短メソッドを教えよう

有力な私立・国立校が出題するかなり難度の高い問題も解いておきたい。また、連立方程式と1次方程式を組み合わせる問題、連立方程式と2次方程式を組み合わせる問題なども出題されるので、いろいろなタイプの問題を解いて慣れておくこと。

4 「関数」→いろいろな融合問題にも強くなろう

ここは比例と反比例の定義をつかみ、変域と変数・比例定数などの「ことば」の意味をはっきりさせてから、$y=ax$ の式とグラフ、$y=\dfrac{a}{x}$ の式とグラフを理解することが先決だ。

ともなって変わる文字を変数（x と y）といい、変数がともなって変わる値の範囲をその変数の変域という。x と y が $y=ax$ の形で表されるとき y は x に比例するといい、$y=\dfrac{a}{x}$ の形で表されるとき y は x に反比例するという。このとき、a を比例定数という。

❶ 比例と反比例・1次関数──難しい応用問題も解けるようにしよう

比例と反比例のグラフの意味を理解しておくこと。反比例の比例定数は $y=\dfrac{a}{x}$ に与えられた1組の（x と y）の値を代入して計算するが、$xy=a$ に代入しても求められる。x は座標

[1次関数・2次関数]の重要ポイント

■2次関数と直線の式

例 関数 $y=ax^2$ ($a>0$) のグラフと直線 ℓ が2点A、Bで交わっており、点Aと点Bの x 座標はそれぞれ-2、4である。直線 ℓ の傾きが3であるとき、a の値は？

$x=-2$ のとき　　$y=4a$
$x=4$ のとき　　$y=16a$

変化の割合は、直線 ℓ の傾きと等しいので、

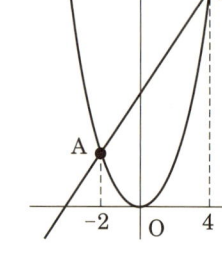

$$\frac{16a-4a}{4-(-2)}=3$$

よって、$2a=3$

　　　　（答）　$a=\dfrac{3}{2}$

■2乗に比例する関数

例 関数 $y=x^2$ で、x の値が $x=a$ から $x=a+2$ まで増加したときの変化の割合は-3である。a の値は？

変化の割合は

$$\frac{(a+2)^2-a^2}{(a+2)-a}=\frac{4a+4}{2}=2a+2$$

これが-3なので、　　$2a+2=-3$

よって、　　　　　　　　　　　　　　（答）　$a=-\dfrac{5}{2}$

第3章 数学の成績を伸ばす最短メソッドを教えよう

■1次関数とグラフ

例 $6x-2y+1=0$ のグラフは、1次関数 $y=3x$ のグラフを y 軸の正の向きに a だけ平行移動したもの。この a の値は？

$6x-2y+1=0$ より、

$y=3x+\dfrac{1}{2}$ ……①

よって、$a=\dfrac{1}{2}$

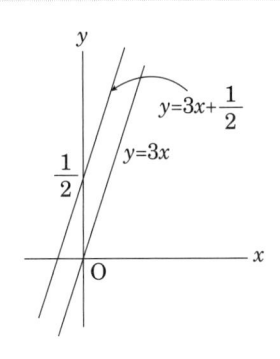

(答) $\dfrac{1}{2}$

■1次関数

⇨直線の回転と移動：切片方程式

$ax+by+c=0\ (a^2+b^2\neq 0)$ を原点のまわりに時計の針の向きに $90°$ 回転して得られる直線の式は

$-ay+bx+c=0$

時計と反対向きに $90°$ 回転して得られる直線の直線の式は

$ay-bx+c=0$

また，$ab\neq 0$ のとき2点 $(a,0)$ $(0,b)$ を通る直線の式は

$\dfrac{x}{a}+\dfrac{y}{b}=1\left(\dfrac{x}{(x切片)}+\dfrac{y}{(y切片)}=1\right)$

となり、これを切片方程式という

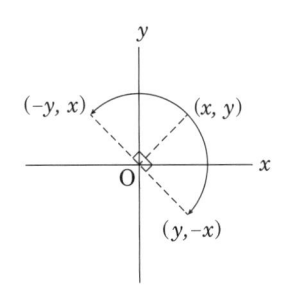

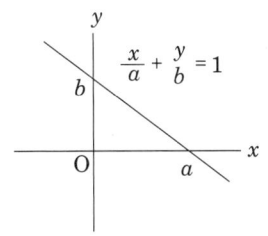

上でヨコの長さ、yは座標上でタテの長さを表すので、比例定数aの値は双曲線上のある点を1つの頂点とする長方形の面積と等しいことを知っておこう。

1次関数は、ある変数（x）を1つ定めると、それにともなって他の変数（y）がただ1つ定まるとき、「yはxの関数である」と定義される。yがxの関数で、その関係式が$y=ax+b$（a、bは定数$a\neq 0$）で表されるとき、yはxの1次関数であるという。この1次関数$y=ax+b$のグラフ（傾きがa、切片がb）の「直線の傾き」は「高さ」を「水平距離」でわったものとなる。

また、1次関数の変化の割合は一定で、xの係数aに等しい。傾きが等しい2つの1次関数の直線は平行である。1次関数$y=ax+b$のグラフは、比例$y=ax$のグラフをy軸の方向にbだけ平行移動したものとなる、などをしっかり理解しよう。

1次関数の直線は傾きと通る1点、または通る2点が決まると決定することから、「与えられた条件から直線の式を求めること」と「2直線の交点は直線の式を連立（xとyの1次連立方程式）させて求めること」が、ここでのポイントになる。

また、2つの直線によって囲まれた図形の面積を求める、直線の式と点の運動、点の運動と面積、等積変形、直線の傾きと相似、直線とx座標・y座標によって囲まれた直角三角形

第3章 数学 数学の成績を伸ばす最短メソッドを教えよう

内の格子点の個数などでは、かなり難度の高い出題もあるので要注意だ。格子点とは、座標平面の上で、x座標・y座標ともに整数である点をいう。その個数を求める問題のほかに、線分の長さ、図形の面積や体積を求めさせる問題もある。

❷ 2次関数・いろいろな関数──問題をこなして解答パターンをつかもう

2次関数では、yがxの2乗に比例するときにyをxの式で表すこと、変化の割合を求めることがポイントだ。2次関数は変化の割合が一定でなく、グラフは放物線となる。$y=ax^2$で、yの変域を求める、yの変域から$y=ax^2$のaの値を求める、変化の割合を求めるなどの基本を終えたら、1次関数の直線との融合問題にとりかかる。

放物線と直線との交点を求める、2次関数の変化の割合を求めて直線の傾きを決定する、放物線と直線がつくる三角形についての問題では、図形の直角三角形・正三角形などの性質、角の2等分線、平行線の性質、三角形の相似などについての条件を考えることがカギだ。いろいろな問題を解いて、計算量を減らすコツをつかむことも大事だ。

放物線と直線との交点の座標は、放物線と直線の式を連立して求められるが、放物線と直線がつくる三角形の問題がよく出題されるので、問題量をこなしておきたい。そのほかに放線がつくる三角形の問題がよく出題されるので、問題量をこなしておきたい。そのほかに放

5 「図形」→定理を覚えて問題を確実に解く力をみがこう

図形では「平行・合同」が基礎となる分野だ。平行線と角では、平行線の性質と「同位角・錯角・隣り合う内角の和と三角形の内角の和、外角の和」などが重要になるし、合同の問題では「三角形の合同条件」が重要だが、まずは各分野のポイントから考えていこう。

❶ 作図・図形の移動・空間図形——立方体の切断の問題にも強くなろう

1年生で習う作図と移動も図形問題の基礎だ。作図では、垂線、垂直二等分線、角の二等分線、円の接線、円の中心などが出題される。垂直二等分線と角の二等分線は「ひし形」の

物線と四角形の問題、2つの放物線の問題の解きかたも覚えてしまうこと。いろいろな関数では、1次関数と2次関数の考えかたと解きかたが基本になる。xの変域によって放物線になったり、折れ線になったりするものもある。時間・距離・速さの関係、動点の移動にともなう面積・体積の変化の問題などがそうだ。xの変域に注意して、xとyの対応のしかたを考えればいい。

第3章 数学 数学の成績を伸ばす最短メソッドを教えよう

性質を利用していることを理解して、その手順を覚えてしまおう。

移動では、平行移動、回転移動、対称移動が出題される。回転の中心、対称の軸などの用語を覚えること。合同や線分の長さ、面積などとの融合問題もある。

とくに回転移動がよく出題されるので、対応する点は回転の中心から等距離にある、対応する点を回転の中心と結んでできる角の大きさはすべて等しい、この2つの性質をしっかり覚えておこう。

空間図形では、立方体や直方体などの角柱、三角すいや四角すいなどの角すい、円すいや球などの回転体をあつかう。立方体を平面で切ったときの断面図の変化についての問題がよく出されるし、しかも難度が高いものもあるので、典型問題をじっくり解くこと。

覚えたいのは、展開図と見取図、直線や平面の位置関係、立体の表面積・側面積・底面積、立体の体積、おうぎ形の弧さと中心角・面積、円すいの側面と底面、円すいの表面積、回転体の体積、立体の投影図・立面図・平面図、球の体積と表面積などの計算法だ。

空間図形内の線分の長さ・垂線の長さ、空間図形上の最短距離と展開図、正多角すいの表面積・体積、正四面体と正八面体の高さと体積の求めかた、などは私立や国立の有力校でよく出題される。

[直線図形・円すい・円周角]の重要ポイント

■円すいの側面と底面

⇨ おうぎ形の弧の長さ・中心角・面積・円すいの側面と面積

円すいの展開図

① 弧の長さ $\overset{\frown}{AB} = 2\pi \times 8 \times \dfrac{a}{360}$

　また $\overset{\frown}{AB}$ は底面の円周に等しいので

　$\overset{\frown}{AB} = 2\pi \times 3$

② 表面積 = 側面積 + 底面積

　側面積 $= \pi \times 8^2 \times \dfrac{a}{360}$

　底面積 $= \pi \times 3^2$

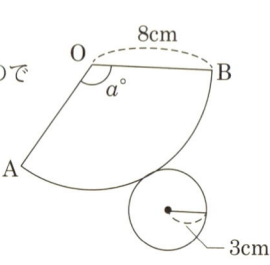

■円周角・中心角・弧

⇨ 円周角の定理

① $\angle AOB = 2\angle ACB$ ② $\angle ACB = 90°$ ③ $\angle BAC = \angle BDC$

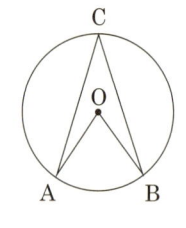

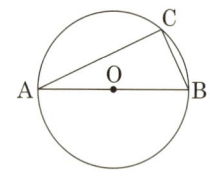

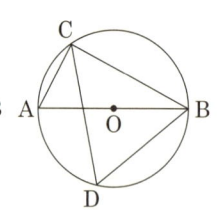

④ $\angle BFC = \angle DAE$　　⑤ $x:y = \angle ACB : \angle BAC$

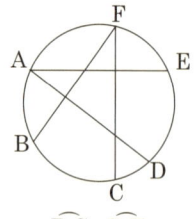

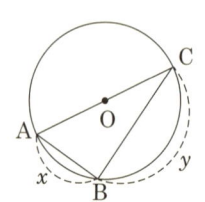

$\overset{\frown}{BC} = \overset{\frown}{DE}$

第3章 数学

数学の成績を伸ばす最短メソッドを教えよう

■中点連結定理

- △ABCで、D、Eが辺AB、ACの中点のとき、

  BC∥DE DE=$\frac{1}{2}$BC

- 逆もまた真だが、中点Dを通り、$\frac{1}{2}$BCとなる線分は辺ACの中点を通る、とはならない

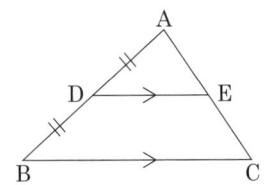

■三角形の角の2等分線・中線定理

①△ABCで、ADを∠Aの2等分線、AEを∠Aの外角の2等分線とすると、

AB：AC=BD：DC=BE：CE

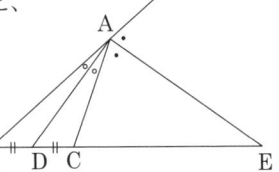

②△ABCで、BCの中点をM、AM上の点をPとすると、

△ABM=△ACM
△ABP=△APC
△BPM=△MPC

また、

$AB^2 + AC^2 = 2(AM^2 + BM^2)$

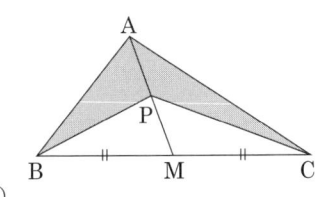

立体の切断の問題には難問が多いが、円すいの内接球、三角すいの内接球、正四面体の外接球、円すいの外接球、正四面体すいの外接球、なども有力校入試に出題されるので、志望者は過去問をたっぷり解いて穴のない解答力を身につけること。

❷ 三角形・四角形・多角形 ── 角をめぐる性質をしっかり理解しよう

ここでは、三角形の内角と外角、多角形の内角の和・外角の和、平行線と角（同位角・錯角・対頂角）、三角形の合同条件、直角三角形の合同条件、二等辺三角形と正三角形の性質、平行四辺形の性質、長方形・ひし形・正方形の性質、平行線と面積などをあつかう。

とくに直角三角形の性質では、三平方の定理、合同条件と相似、中線定理などがとても重要になる。二等辺三角形の性質では、折り返し・折れ線の長さの最小値（対称移動）を解けるようにする。平行四辺形は平行線に着目して等積変形し、三角形の面積にもちこむ。

❸ 相似な図形・円の性質 ── 必ず出題される分野なので得点力をみがこう

ここは入試によく出題されるが、基本は「三角形の相似条件」と「平行線と線分の比」の2つだ。三角形の相似を示すための条件では、2組の角がそれぞれ等しい、の利用が多い。

第3章 数学　数学の成績を伸ばす最短メソッドを教えよう

平行線と線分の比の関係がわかることから、線分の長さや相似な三角形の相似比が求められる。中点が使われている三角形では、中点連結定理の利用を考え、中線が使われている三角形では重心の利用を考える。

相似な図形では、その面積比は相似比の2乗に等しい。相似な三角形の面積比は、高さが同じであれば底辺の長さの比に等しくなる。この2つの性質も利用度が高い。

三角形の重心（内心・外心）や、相似な図形の面積比などは範囲外（高校の内容）とされるが、国立・私立の有力校入試では出題されるし、公立校志望者であっても知っておいて損はない。「平行線と比→中点連結定理→重心」という理解をしっかりさせておくこと。

円の性質もよく出題される。円周角と中心角、半円の弧に対する円周角、弧と円周角、円周角と三角形、円周角の定理の逆、円の接線に関する性質、などを理解すること。

円に内接する四角形、円に外接する三角形、内接円と外接円の半径、接線や線分の長さ、面積、4点が同一円周上にあるための条件、などの出題パターンがある。

面積の問題では、おうぎ形の面積と三角形の面積に分けて考えるといい。㋐円の中心からあるためにあって引く、㋑弦、補助線の引きかたの工夫も大切だ。㋐円の中心から直線と円の交点に向かって引く、㋑弦があるときは、円の中心から2交点に向かって線を引くと二等辺三角形ができる、㋒接線と

[直線図形・円]の重要ポイント

■ 接弦定理

・円の接線(T)と接点(A)を通る弦がつくる角はこの角内にある弧に対する円周角に等しい。

  ∠BAT=∠BCA

・また∠BAT=∠BCAならば、ATは△ABCの外接円の接線である

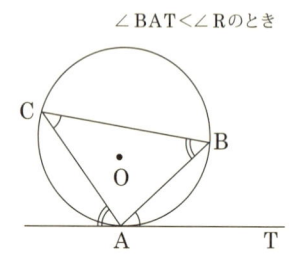

∠BAT<∠Rのとき

■ 方べきの定理

・図①、図②でPA×PB=PC×PD

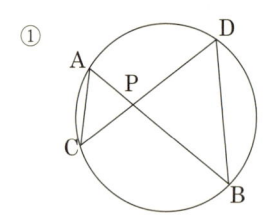

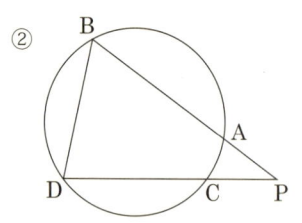

・図③でPT^2=PA×PB(円の弦ABの延長上の点Pから円に引いた接線をPTとすると)

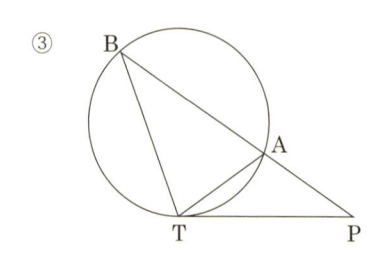

■三角形の重心・内心・外心

⇨ 範囲外の内容をふくむ

① △ABCの3つの中線が交わる点を重心(G)といい、重心は3つの中線を2:1に内分する。

$$\frac{DG}{AG} = \frac{EG}{BG} = \frac{FG}{CG} = \frac{1}{2}$$

② △ABCの3つの内角の2等分線が交わる点を内心(I)といい、内心は3辺から等距離(内接円がかける)。△ABCの面積をS、3辺の長さをa、b、c、内接円の半径をrとすると

$$S = \frac{1}{2}(a+b+c)r$$

③ △ABCの3辺の垂直2等分線が交わる点を外心といい、外心は3つの頂点から等距離(外接円がかける)

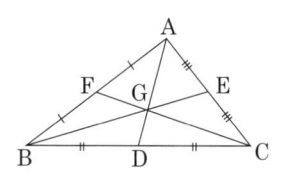

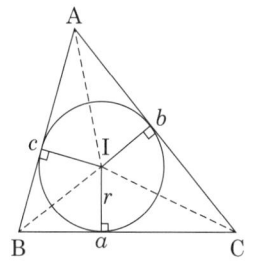

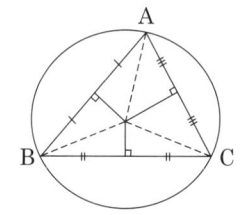

■メネラウスの定理

⇨ 範囲外の内容だが知っておきたい

・直線DEが△ABCの辺、またはその延長と交わるとき、

$$\frac{AD}{DB} \times \frac{BE}{EC} \times \frac{CF}{FA} = 1$$

$$\frac{DA}{AB} \times \frac{BC}{CE} \times \frac{EF}{FD} = 1$$

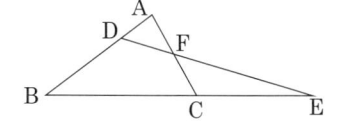

接点があるとき、円の中心から線を引くと直角があらわれる、㋩接点から弦が出ているときは接弦定理にもちこむ、などだ。「円の中心から引く」というのが典型となる。

接弦定理とは、円の接線と接点を通る弦のつくる角は、その角の内部にある弧に対する円周角に等しい、というもの。この定理の逆も成り立つ。典型問題の量をたくさんこなして、万全な解答力を身につけてほしい。

しめくくりに埼玉県出身のF・H君の、「たとえ範囲外であったとしても、得点できるかどうかが合否を決めるのだから、自分の志望高校が入試に出題するのであれば準備しておくのは当然のことだろう」という意見を紹介しておこう。彼は東京の私立開成中学～高校から東大文Ⅱに進んでいる。

第4章

国語の成績を伸ばす最短メソッドを教えよう

国語力が上昇すると他教科の得点力も伸びてくる

「脱ゆとり」で増えた内容と近年の出題傾向を考えておこう

国語科は「話すこと・聞くこと」「書くこと」「読むこと」の3領域と「言語事項」で構成されていたが、「脱ゆとり」が実現された現在は3領域がそのままで、「言語事項」が「伝統的な言語文化と国語の特質に関する事項」に改められている（平成24年度から完全実施）。

改定前の「言語事項」とは、言葉の特徴や決まり（＝文法）、漢字の読み書き、書写などだったが、それに新しく古典（古文や漢文）に親しませることが加えられたことになる。

漢字の読みは、学年別配当漢字1006字とそれ以外の常用漢字1945字の大体を読むこととされる（これは改定前とおなじ）。漢字の書きは、改定前は中学終了までに学年別配当漢字1006字を「文や文章のなかで使うこと」とされていたが、現在はそれが2年生までに前倒しされ、3年生で「文や文章のなかで使い慣れること」とされている。

古典については、1年生で「文語の決まりや訓読のしかた」など、2年生で「作品を朗読す

第4章 国語 国語の成績を伸ばす最短メソッドを教えよう

る」「古典の考えかたやものの見かた」「登場人物や作者の思いを想像する」など、3年生では「歴史的背景に注意して読む」「古典に関する簡単な文章を書く」などを学習する。

漢字の書きの負荷がやや大きくなったが、入試には必ず出題されるものと心得て、日ごろから「音読＋筆記」の組み合わせでコツコツと覚えていきたい。古典も内容がより広くなっているので、テスト形式の過去問などを解いて出題のパターンに慣れておきたい。

新しい傾向として、公立校を中心にリスニングの出題や条件作文・課題作文の出題が増えている。リスニングの出題はコミュニケーション能力としての「聞く力」が重視されているためで、相手の話を聞きとり、自分の考えや意見をまとめる力を試そうというものだ。

放送で流れる音声を聞いて問題に答える形式（小問が3〜4問）だが、話されるテーマをつかむ、話し手の考えや意図などをよく考える、内容を整理して自分の考えをまとめる、などが急所だ。放送時間は10分ほどだが、質問プリントが配布されない場合もあるので、ただ聞くのではなく、授業中にノートをとるやりかたでメモするといいだろう。

ある目的のもとに意見や考えを伝えようとするスピーチ・発表などがよく出題され、特定のテーマについて何人かが討論する形式や、何かを説明する形式の出題もある。100点満点のうち5〜10点配点が多いが、各県によってちがうので、過去問を試してみること。

作文の出題では、テーマが与えられ、字数制限がある（二〇〇字前後）のが通例だ。与えられた条件にしたがって書く条件作文では、いくつかの題材のなかからひとつを選ばせ、その内容をまとめたり分析したりさせて、それについての自分の考えを書かせる形式が多い。文の構成も指定されていることが多く、二段落構成の前段で与えられた条件を分析させ、後段でそれについての自分の意見・考えをまとめさせるという形式が代表的なものだ。

与えられた課題について書く課題作文では、書きかたの注意が示されることが多い。たとえば、「あなたの考えや意見と、その根拠をはっきりさせて書きなさい」というのもそうだし、「原稿用紙の正しい使いかたにしたがって書くこと」というのもそうだ。

課題にそった題材を決めるときは、経験や事実などで印象にのこっていて、しかも自分に身近なものに、さらに自分独自のものにこだわるとよい。

二段落構成と指示されたときは、前段に経験や事実などの具体例を作文全体の半分ほどにまとめ、後段の自分の考え・意見にうまく結びつける。考え・意見はひとつにしぼり、自分のことばで書くことが大切だ。

また、都立の有力公立校などでは英語・数学・国語の３教科で自校作成入試問題を実施しているので、志望者は過去問をじっくり解くことで、出題傾向をつかんでおきたい。

第4章 国語　国語の成績を伸ばす最短メソッドを教えよう

志望校の出題傾向に合わせた準備をして得点力を高めよう

ふだん使う言葉をあつかう国語は簡単なはず、という勝手な思いこみは捨てること。努力をかさねないと成績が伸びないのは、どの教科も同じだし、生まれてからずっと使い慣れている言語だから余計に奥のふかい読みかたや用いかたが要求される、と考えてほしい。

東大生の多くは現代文などの読み解き（＝読みとり）を苦手にしている。それは東大入試の国語が高水準であることにもよるが、正答が一発で決まる数学などとちがって、著者の論理展開などを追って正答をさぐっていく国語という教科の難しさの証明でもある。

漢字・語句などの知識事項は覚えてしまえば結果が出るし、文法（＝日本語の約束ごと）や古典・漢文は早期にまとめて整理して、やはり覚えこんでいけば恐れることなどない。覚えるべきものは覚えてしまう！　このやりかたで努力すれば攻略できないはずがない。

ところが、文の読み解きはそうはいかない。設問に正答するためには、問題文を読みこみながら、区切りごとに要約していくなど、深く考えながらの手順が求められると同時に、その解答になる必然性（＝必ずその答えになる）に自信をもつことが難しいためだろう。

とはいえ、東大生は最難関の国語を攻略できたことも事実だ。漢字・語句や文法などの知識

を覚えながら、それを道具にして文を読み解いたり記述したりする技術をみがくのが正統なやりかたとなるが、彼らはその方式で得点力を伸ばすことに成功している。

国語への苦手意識が消えている——彼らのこの本音にカギが隠されている。

苦手だから余計に深く考えないとまずい、と判断したにちがいない。それと同時に、東大の国語の出題傾向を知って、それへの対策をどうするかをすぐに具体化させている。

たとえば「知識＋技術」の土台を固めながら、そのうえに教養（＝学問的・文化的な素養）の深みをめざすのが理想の勉強法だろうが、彼らはそれに先立って、得点するための技能を高めることをめざしている。その典型は予備校の「東大国語コース」を受講することだが、東大系の模擬試験を受けて、模範解答にいたる過程をじっくり考えるやりかたもある。

東大国語の過去問を素材にして、「なぜその解答になるのか？」をプロ教師に教えてもらいながら、読み解きの技能（＝論理の追いかた）を鍛えるのが手っとり早いが、夏期や冬季講習を受けるだけでも効果がある。ともかく出題傾向に合わせた準備をするのが正解だ。

ただし、文を読み解く技能は小手先のテクニックなどではない。

「予備校に通ったことで、文章を大まかな流れ→段落ごとの関連→各文の重要性という大・中・小の視点で見る力がついたし、自分が頭で理解していることを、出題者が求める形にしっ

第4章 国語　国語の成績を伸ばす最短メソッドを教えよう

かり書く（＝アウトプットする）力もついた」と語るのは、宮崎県の私立宮崎第一中学〜高校から現役で東大文Ⅲに進んだF・S君だ。彼は夏季・冬季講習で解答技法をみがいている。

ここを君たちも見習ってほしい。高校受験でも同じやりかたが有効なので、志望校は「どこを出題するか？」をつかみ、それに向けて「できるまでやる！」を持続させればいい。

もうひとつ、東大生からの助言を紹介しておこう。テストで高得点できなかったときに「なぜ？」を追求して、勉強のしかたを考えなおすチャンスにするやりかただ。

「文法をふくむ知識がとりが不足だった場合は、間違えたところを覚えるとともに、周辺知識も確認する。文章の読みとりが不足だった場合は、正解を一回写してから、もう一回読んでみる。そのとき、〈わからないことがわかってよかった〉と前向きにとらえること」と語るのは北海道出身で、東京学芸大附属中学〜高校から現役で東大文Ⅲに進んだT・Mさんだ。

F・S君とT・Mさんに共通するのは「こうすれば自分はうまくいく」というやりかたをつかんだところだ。F・S君は「推敲して文章を書くクセをつける」ことが必要であると気づいているし、T・Mさんは「正解を写してみると深く理解できる」ことに気づいている。時間を浪費することもない。知識事項はそのつど覚えていって、文章の読み解きに時間をかけるのもコツのひとつだろう。

国語力を全教科の勉強を底支えする総合パワーに育てよう

他教科の伸びを底から支えるのは、力強い国語力であると知っておこう。成長とともに国語力は上がっていくと楽観する向きもあるが、それは正しくない。大きめの負荷（＝勉強）を強いられてようやく達成できたもの、それが人間的に成長した証拠としての国語力だろう。

努力しないで伸びる教科などない――それは君たちも知っているはずだ。

漢字の書きは何度も筆記しないと身につかないし、語句の意味も斜め読みをしていると正しく理解できない。現代（口語）文法などはもっと複雑な決まりがあるので、どこかの時点で一気に「わかる＋できる」にしておかないと、テストでの高得点など夢で終ってしまう。

国語という教科の手ごわさを一歩ずつ乗りこえていくうちに、ものを深く考える力、正しく理解する力、これでよしと判断する力などが伸びてきて、テストでの成功をかさねられる段階にいたる。この国語力（＝言語をあつかう能力）が高まることの効果はじつに大きい。

どの教科も言語をあつかう能力が必要なので、国語力が伸びると人間としての総合力がアップして、各教科への理解力や思考までも高くなる。去年より今年の君たちのほうが各種の能力で上回るのは、年齢のせいもあるが、勉強のつみ重ねによるというほうが正確だろう。

214

第4章 国語 国語の成績を伸ばす最短メソッドを教えよう

　国語は、全教科の勉強を底支えする総合パワーと呼ぶこともできる。国語力が伸びると他教科での「わかる」が上昇するが、それを「できる」に定着させるのは、できるまでやる方式での復習のくり返しだろう。こうして成長していくのが人間というものなのだ。
　国語力は生まれつきのセンスで決まる、といわれることがある。センスがあるとは「言語をあつかう感覚にすぐれている」という意味だろうが、これも半分だけ正しい。なぜなら、先天的な能力があっても、その背後に「学習＝勉強」が隠されているのも事実だからだ。
　スポーツや芸術面に注目すると、生まれついての天分はあるにしても、日ごろから技能を高めるための努力や、異分野をめざすなどの新しい挑戦がされていることは疑えない。
　そのため、センスの有無を問うよりも、問題を解くいろいろな技能をみがくことを専念したい。漢字の読み書き・語句の意味・熟語の知識などに始まり、文法問題に正答するための技能をしっかり身につけるなどの努力を持続させて、高得点できる力を育てればいい。
　そうした土台の力強さが、文を読み解く力も押しあげると考えたい。
　作家や詩人などの作家的なセンスと比べると、その質こそちがうが、高得点できる力だって立派なセンスのひとつだ。中学生に大切なのは志望校に合格できる国語力なのだから、そこに集中すれば十分だ。

英語とおなじで「読む・書く」を中心にして新傾向にも備えよう

ものを考える力になるのは国語力のなかでも「読む・書く」の能力で、それがじかに学力として表れるのがテストだろう。新しい傾向としてリスニング問題が導入されはしたが、やはり「読む・書く」を重視した勉強のしかたでかまわないし、それが正統だと考えたい。

日常のことばの用いかたは「話す・聞く」のコミュニケーション能力が中心となり、それを「読む・書く」能力が支えるという関係となる。「話す・聞く」で育てた力を「読む・書く」の力に結びつけ、その逆に「読む・書く」の力を「話す・聞く」に還流させる——このような双方のつながりで「適切に表現する力」や「正確に理解する力」が高まる。

といっても、それは言語のはたらきや関係についてのことなので、「読む・書く」を重視するやりかたを改める必要などない。どの分野も大切ではあるが、もっとも重要なことはムダをはぶいて効率よく、可能なかぎりの最短コースで得点力を育てることだからだ。

その一方、「ことばの感覚」に奥行きや切れ味をもたらすのが、漢字や現代文法などの言語事項であることも知っておきたい。漢字の特別な読み、熟語の組み立て、同音異字・同訓異字、送り仮名、多義語・難しい和語、類義語・対義語、難しい慣用表現、四字熟語・故事成語、文

第4章 国語　国語の成績を伸ばす最短メソッドを教えよう

学史・作品と作者などはそのつど覚えて、毎日の会話に使ってみることも大事だ。

口語文法（＝言葉のきまり）が苦手になるのは、課題の先送り（＝苦手を放置する）に原因がある。

まず定期テスト前に範囲内をがむしゃらに覚えてみると、それが突破口となって文法問題に正答する技能がわかってくるし、得点できることによる充実感も味わえるはずだ。

形容詞・形容動詞の区別と用法、助詞と助動詞の区別と用法、主語と述語の関係、品詞の識別、用言の活用の種類、敬語表現などは「短期の集中」と「長期の継続」を組み合わせが有効になる。テスト前に暗記して、それを一週間後に復習するやりかたが効果がある。

活用表などを暗記するのもいいが、テスト形式の問題を解きながら、しかも「音読する＋手で書く」という身体動作を楽しむと効率よく覚えられる。目・口・耳・手指などを活動させると記憶しやすくなるのは英語と同じなので、20分ほど集中してくり返すのがコツだ。

たとえば、「その本は姉ので」、「これが私のだ」の文の「で」は断定の助動詞「だ」の連用形だが、これは活用表で覚えるよりも、テスト形式の問題をくり返し解きながら定着させるほうが効率的だろう。しかも、それは「得点をとる」ことに直結する方式でもある。

「口語文法（＝現代文法）は普段から自分のことば遣いに気をつけておくと、敬語法や動詞の活用がそのままわかる」と語るのは高知県出身で、私立の土佐中学〜高校から東大文Ⅰに進んだ

K・S君だ。彼は、漢字などは暗記なので嫌がらずに覚えることも推奨している。

新しい傾向の条件作文や課題作文は「読む・書く」に習熟し、考えのまとめかたのコツを覚えてしまえば十分にクリアできる。日ごろから原稿用紙の使いかたに慣れておくこと。

一方のリスニング問題は、近年の中学生どうしの関係での「いびつ化」を背景に、コミュニケーション能力を高めようという社会的な動きが背景でもあるので、相手の話す内容をよく聞いて、自分の考えをまとめる習慣をつけていけばクリアできるだろう。

ノートを工夫して授業に集中するのは他教科とおなじ

現代文の授業では、先生が黒板に書いたもの（＝板書）を丸写しするのが最低限の課題といえる。国語の予習は音読するくらいでいいが、先生の説明と板書をノートにとっておくと復習は短時間ですむし、定期テスト前に覚えてしまえば高得点を約束されることが多い。

同じ文章が出題されるのだし、どこが重要かを先生が説明しているので、教科書の読み直しとノートの丸暗記で点数はとれる。答えを覚えるだけなので、一夜漬けでも通用する。

しかし、そうした勉強のしかたには不安がつきまとう。範囲のある定期テストに正答できて

第4章 国語
国語の成績を伸ばす最短メソッドを教えよう

　も、出題文が公表されない模擬テストや高校入試の本番に、はたして通用するのかという疑問が残るからだ。定期テストで高得点しても、それが自信につながらないと苦しくなる。

　また、先生の解説と板書の内容は文章の論理の展開を追っているはずだが、それが「初めから結論（＝答え）を決めつける紋切り型の導きかた」に思えることもある。模範解答はまちがっているのではないかと感じて、独力で考えようとしても、その手がかりがつかめない。

　いったい、この問題はどうしたら解決できるのだろうか。

　すでに何度か考えたことだが、紋切り型（＝マニュアル的な方式）の読み解きかたを軽視してはいけない。数式の計算に手順があるのと同じで、文の読み解きにも手順がある。先生が文章の約束ごとに沿って論理を追いながら、ついに正答した手順が正しくないわけがない。

　暗記中心のやりかたの欠陥は、答えだけを覚えるところにある。本当は、答えを導きだす手順を覚えて、なぜそうなるのかを考えないといけない。段落のまとめかた、前後をつなぐ接続詞の意味合い、結論のしぼりこみ、などを可能にする技能を修得することがカギなのだ。

　なぜなら、「問題を解くことを前提とした読み解きかた」を身につけないと、現代文は攻略できないからだ。設問に正答するには、それが「内容の説明」を求めているのか、それとも「理由の説明」なのかで文末の型がちがうが、それを見分けるのも技能のひとつとなる。

219

これらの技能は授業で教えられている。先生が説明しないはずがないので、その重要性に気づかない君たちに責任がある。問題を解くための読み解きの技法やヒントを授業ノートに書きこみ、それを定期テスト前に深く理解して、友だちにも教えられるようにしたい。

問題集を解くのもいい。現代文の読み解きについての解説を読んで、正答にいたる手順と過程を覚えこむこと。市販の問題集を利用する場合は、解説がていねいなものを選びたい。

覚えにくいと感じるときは、漢字や語句を覚えるときと同じように目・口・耳・手指を同時にうごかすこと。だれかに説明するつもりで、Ⓐ→Ⓑ→Ⓒなどとメモ書きするのもいい。

古典（古文・漢文）もノートのとりかたを工夫しよう

ノートづくりで独自色を出すのは大事なことだ。目をとおすだけで古典（古文・漢文）の内容が的確につかめるように、書きかたや色づかいなどに自分なりの工夫をするといい。

古文では、罫の幅が広いノートをタテに使い、「本文」を1行に写し、両脇の1行ずつを空けておく（3行を使う）。右の行に「品詞の分解（＝活用するものは活用形も）」をすべて書き、左の行に「現代語訳」を書く。本文は鉛筆で書き、品詞と訳はそれぞれ色をかえる。見やすいよう

第4章 国語　国語の成績を伸ばす最短メソッドを教えよう

に詰めすぎない。余白を大きくして追加メモを書く、などが典型例だろう（222ページ参照）。

また、ノートをタテに見開いた2ページを使い、上段ページの1行の上から6割ほどに「本文」を写し、その下の残り4割に「品詞の分解」を書き、横の1行は空けておく。下段ページの1行に「現代語訳」を書き、横の1行は空けておく、というやりかたもある。空けておいた行にあとから加筆できるし、文法や訳文のまちがいなども訂正しやすくなる。

予習で本文を大きな字で書いておいて、授業で品詞分解と訳文のスペースをうめていくやりかたがいいが、先生からノートづくりの指示がある場合はそれにしたがうこと。

先生の説明と板書などの事項を一個ももらさずに、しかも正確に書くことが目標だ。説明を逃さないようにするには、きれいに書くことを二の次にしてもいい。復習に力を入れてコツコツとノートを仕上げ、それでも不安であれば先生にノートを見てもらうこと。

ノートの活用法は現代文と同じでいいが、文法などの別スペースを作成するのも有効だ。

現代文ほどの読み解きの深さは求められないので、古語と現代語とのちがい（古今異義語）、古典（文語）文法と現代（口語）文法とのちがい、古典和歌の技法などをなるべく早期に、しかも完成度の高い（＝確実に点数がとれる）レベルで整理することが大切だ。

「現代文の漢字はやれば必ず点がとれるが、それと同じことで、古文はまず文法を徹底的に覚

東大生が教えるノート術　2　国語篇

例1

名詞　名詞　助詞　動詞　名詞　形容詞　動詞　助動詞　名詞　副詞　形容動詞　動詞　助動詞　助詞

翁(おきな)、竹を取ること久しくなりぬ。この子いとおほきになりぬれば、

翁は竹を取ることが長くなった。この子がたいそう大きくなったので、

名詞　助詞　名詞　名詞　助詞　名詞　助動詞

名を三室戸(みむろと)斎部(いむべ)の秋田(あきた)を呼びてつけさす。

名前を三室戸の斎部の秋田を呼んでつけさせる。

名詞　名詞　助詞　名詞　助詞　動詞　助動詞

秋田、なよ竹(たけ)のかぐや姫とつけつ。（竹取物語・生ひ立ち）

秋田はなよ竹のかぐや姫とつけた。

※動詞・形容詞・形容動詞・助動詞などの活用形も書く

第4章 国語の成績を伸ばす最短メソッドを教えよう

例2

つれづれ　なる　まま　に、日ぐらし　硯　に　むかひて　心　に
名詞　助動詞　名詞　助詞　副詞　　　　　名詞　助詞　動詞　　　　助詞　名詞　助詞

退屈な　　　のに　まかせて　一日じゅう　すずり　に　向かって　こころに

うつりゆく　由なしごと　を、そこはかと　なく　書きつくれ　ば、
動詞　　　　名詞　　　　助詞　副詞　　　　　　形容詞　動詞　　　　助動詞　助詞

浮かんでくる　つまらないこと　を　どうということも　なく　書きつけて　みると

あやしう　こそ　ものぐるほしけれ。（徒然草）
形容詞　　助詞　形容詞　　　　　　助詞

わけがわからない　ほど　正気を失ったような　気持ちになる。

※助動詞・助詞の意味を正しく読みとる

223

「古典(古文・漢文)の文法や単語は地道に暗記すること。その量自体は少ないので、時間はそれほどかからないはずだ」と語るのは大阪府出身のO・T君だが、古典を身近なものにするには、マンガでもいいので日本や中国の歴史にふれてみることだ、ともいう。兵庫県の私立灘中学〜高校から東大文Ⅲに進んでいる彼は、歴史に理解があると、その時代背景が少しはわかるので、古典の内容に入っていきやすいという。

　古典作品の成立の背景にふれて、その時代はどのような世相だったか、作者の人柄や身分はどうだったかなどを知ると、作品が身近に感じられて読みやすくなる。自分が知りたいことを図書館などを利用して調べて、できるだけ早く手中にしてしまうのがコツだろう。

　つぎは、過去問をふくめたテスト形式の問題を解くことの意義を考えたうえで、「なぜそれが出題されるのか？　なぜその質問形式なのか？」を各分野について検討していこう。

 224

第4章 国語　国語の成績を伸ばす最短メソッドを教えよう

テスト形式の問題を解いて点数のとりかたに習熟しよう

「過去問」を解くと得点力が高くなる理由を知っておこう

　読書量が得点力の源泉だといわれるが、それだけでは十分ではない。読書からの栄養分をテスト問題に正答する能力にむすびつけ、それを技能として定着させてはじめて、それは得点力と呼べるパワーとなる。そのための練習をくり返すことで、ようやく本物になるのだ。

　効率よく得点力を伸ばすには「テスト形式の問題」を解くのが最短コースとなる。志望校などの過去問にぶつかって、その傾向を知ることが第一歩だ。合格点がとれる力がつくことがゴールなのだから、初回から総合点がそれほど高くなくても心配はいらない。

　ただし、それは文章の読み解き（＝読みとり）についていえることで、漢字・語句などの書きや読みの正答率は高いほうがいい。口語文法の知識もあったほうがいいし、古典（古語・漢文）の知識もあるほうが望ましい。それらは君たちの勉強の質と量の反映だからだ。

　漢字・語句や文法などの知識事項、古典などで得点できないのは、日ごろの復習やテスト前

準備の不足による。すぐに改めたいが、テスト形式の問題を解きながら整理するやりかたでいい。この方式で覚えると、間違えやすいものが出題されることにも気づくはずだ。配点が大きいのが文章の読み解きだが、くり返して考えたように、授業での問題の解きかたをよく考えて、しかも覚えてしまうことが大切だ。「それはなぜか？」と問われたら「……だから。」と文末を決めるなど、正答するための手順や答えかたに慣れる必要がある。

その手順や答えかたを応用すると、どのような問題でも解けるはずなので、「なるほど！」とひらめくまで頭をはたらかせ、それ以外の正答はないことを納得しておきたい。正答できると自信がもてるので、それがまたモチベーション（＝やる気）となって集中力を高めてくれる。そうした良好なサイクルを築くと、読み解き力は一気にのびる。

また、設問の「────（傍線部）」のある段落全体から読み解く、「────（傍線部）」の近くに答えのヒントがある、設問に答えるときは「問題文中で同じことを別の表現で述べている個所を探す、接続詞に注目して「論理の転換」などをつかむ、なども大事だ。

授業での先生の読み解きには、ここがテストに出題されるな！と半分ほど気づかせる場合もある。もとの文章の前後などをカットして出題者がいろいろな設問を作成するが、いわゆる良問といわれるものは、その問題文中から設問の正答が必ずみつかるようになっている。

第4章 国語　国語の成績を伸ばす最短メソッドを教えよう

ここでの注意は、自分の勝手な思いこみを排除して、その問題文中からだけ答えを見つける技能に習熟しておくことだ。自分はこう思うから「答えもこうだ！」と決めつけないこと。君たちの意見を書け！　というのは条件作文や課題作文では成立するが、読み解きでの設問ではありえない。なぜなら、受験生の個人的な意見などは採点のしようがないからだ。

以下、各分野でよく出題される語句・表現などを具体的に考えていこう。

❶「漢字・語句」→紛らわしいものの読み書きと使いかたを整理しよう

漢字の読み書きでは、一字の漢字・熟語、誤りやすい読み・特殊な読みかた、同音異字・同訓異字・書き誤りやすい漢字などを公立校が好んで出題する。ミスを誘おうとする意地のわるさがみえるが、テストとはそういう性質のものなので、ひたすら覚えるしかない。

》　一字の漢字の読みでは「厳かな式典・的を射た質問・和やかに話す・外出を慎む・戦いを挑む・耳に挟む・耳を覆う・天を仰ぐ・きのこを採る・目を凝らす・異を唱える・胸を焦がす・専らのうわさ・街が廃れる・教え諭す・躍り出る・飛び交う・世間

体を繕う・子供の声が弾む・ピアノを弾く・口を閉ざす・成績が優れる・遠方へ赴く・信念を貫く」など。

漢字一字は訓で読むのが原則だが、訓読みはその字の意味にもとづいて訳した日本語で読むことになる。「成長が著しい・秀作を著す・ムダを省く・自らを省みる・鮮やかな色・悪だくみに陥る・闇に紛れる」などもよく出題されるので、その意味もつかんでおきたい。

≫ 一字漢字の書きは「荷物をアズける・頭を下げてアヤまる・選択をアヤまる・錦オりなす紅葉・顔をヨせる・親にサカらう・ケワしい峰・土をタガやす・野菜がイタむ・胸がイタむ・水がタレる・海にノゾむ別荘・人々がツドう」などがよく出題されるが、そのほとんどが小学校で習った漢字を書かせるものなので、不正確な覚えかただと失点につながる。

≫ 熟語の読みでは「奔走する・均衡がとれる・委嘱される・それも一因だ・敢闘する・峡谷を見下ろす・書斎の窓・警鐘を鳴らす・謙虚な態度・思索にふける・年配者を厚遇する・塩分を含有する・草が繁茂する・前例を踏襲する・高山を踏破する・大仰なしぐさ・卓越した能力・平穏な生活・頻度が高い・罷免する・生半可な知識・家督を

第4章 国語　国語の成績を伸ばす最短メソッドを教えよう

≫ 熟語の特別な読みでは「支度を急ぐ・雪崩の危険・緑の芝生・裏話を披露する・名残の雪・為替・毒舌をふるう・日和待ち・旅の土産・大海原をゆく・声色を使う・心地よい・健やか・川原の砂利・荒涼とした風景・真紅の花・健やかな心身・万国平和」など。

≫ 同音異字・同訓異字の書きでは、問題文の正確な読みとりが前提となる。同音異字は「紹介・照会、一同・一堂、心機・新規・新奇、還元・管弦・甘言、容易・用意、閉口・平行・閉校、就航・周航、修好・好機・高貴・後期・好奇、鑑賞・観賞・干渉・感傷、収集・収拾、伸張・慎重・深長、対極・対局・大局」など、迷いそうな熟語が多いので要注意だ。

同訓異字は「知人をタズねる・道をタズねる、税金をオサめる・国をオサめる・学問をオサめる・成功をオサめる、会社にツトめる・療養にツトめる・案内役をツトめる」など。

≫ 語句の意味では、複数の意味をもつ多義語の使い分け、心情についての慣用的な語句の意味と使いかた、意味の難しい固有の和語などがよく出題される。

多義語は、例文で用いられる意味を選択させる問題が多い。「およそ○○でない・気骨が折れる・相手が折れる・大きな顔をする・地理に明るい・性格が明るい・理にかなう・顔色をうかがう・お宅へうかがう・家の中をうかがう・味がやわらかだ・土がやわらかだ・表現がやわらかだ・庭を見せる・疲れを見せる・目にもの見せる・若く見せる・驚いて見せる」など。

心情などを表す慣用的な語句は「せっかく・やむにやまれず・歯がゆい・しぶぶ・ばつが悪い・小躍りする・いとおしい・いたずらに・しのぐ」などを覚えておこう。

意味の難しい和語は、その意味をよく考えること。「いささか・おのずから・もっぱら・いたずらに・あたかも・もどかしい・まだしも・いとま・こともなげ」など。

接頭語のついた和語は「生まじめ・素うどん・小一時間・さ霧・姫ゆり・いけ好かない・か弱い・突んのめる・うそ寒い・ほろ苦い・物悲しい・ほの暗い」などを知っておきたい。

接尾語のついた和語は「これ見よがし・聞こえよがし・黒目がち・遅れがち・帰りしな・行きしな・寒け・行きつけ・かかりつけ・芝居がかる・なみだぐむ・子供じみ

第4章 国語　国語の成績を伸ばす最短メソッドを教えよう

る・気色ばむ・おしつけがましい・恩きせがましい・古めかしい・道すがら・夜もすがら・手ずから・親切ごかし・いいことずくめ・寝入りばな」などを知っておくと表現の幅がひろがる。

❷「熟語・語句・漢字の知識」→小さな差異に注意して正確に覚えよう

≫　熟語の知識では、熟語の組み立て（＝構成）が出題される。二字熟語では「上下の漢字の関係と同じ熟語を選べ」という問題が多い。たとえば、「遠近」は上下が対になる（＝反対）関係、「衰退」は似た意味の関係、「雷鳴」は上下が主語と述語の関係、などだ。

　熟語を訓読みして、意味のつながりをつかめばいい。他には、上が下を修飾する「喜劇」、下が上の目的や対象になる「遷都」、上が下の意味を打ち消す「未定」などの関係がある。三字熟語や四字熟語も、二字熟語の判別をもとに考えるといい。

　四字熟語は「一心不乱・一進一退・一朝一夕・一日千秋・異口同音・我田引水・才色兼備・十人十色・大同小異・大義名分・大器晩成・首尾一貫・起承転結・奇想天

外・金科玉条・針小棒大・半信半疑・付和雷同・変幻自在・傍若無人・馬耳東風・表裏一体・竜頭蛇尾」など。

対義語とは、その持つ意味が反対の関係にあるものをいう。二字熟語をあつかって「〇〇の対義語を次から選べ」という設問が多い。上下の漢字の関係からの分類も大切だが、「客観・主観」「偶然・必然」「絶対・相対」「権利・義務」という形で覚えてしまおう。

≫ 語句の知識では、慣用句・ことわざ・故事成語が出題される。「寝耳に水と同じ意味の表現を文から書き抜きなさい」という問題や、「〈重──の隅をつつく〉の──に〈細かいことまでとり上げてうるさくいう〉の意味になる漢字一字を書きなさい」などの問題だ。

慣用句とは、二語以上が結合して、その全体がひとつの意味を表すものをいう。人体に関するものは「歯に衣を着せない・腹を割る・顔をつぶす・目がない・目もくれない・手にあまる・手を焼く・手が上がる・鼻につく・鼻を明かす・鼻を折る・口がすべる・眉をひそめる・耳を疑う・首を長くする・首が回らない・指をくわえる・尻が長い・胸がすく・身もふたもない・木で鼻をくくる・ほぞをかむ」な

第4章 国語　国語の成績を伸ばす最短メソッドを教えよう

動物や植物に関するものは「犬の遠吠え・狐につままれる・すずめの涙・からすの行水・猫の額・猫に小判・猫をかぶる・袋のねずみ・馬が合う・へびの生殺し・花を持たせる・根も葉もない・青菜に塩」など。ひとつの情景として覚えるとわかりやすい。

その他の慣用句は「取りつく島もない・横車を押す・立て板に水・寝耳に水・板につく・かたずをのむ・高をくくる・的を射る」などだが、使いかたに慣れておきたい。

ことわざとは、昔から言いならわされた教訓や風刺、生活の知恵などをふくむ表現をいう。大変な量なので、そのつど覚えていこう。《——に短し——に長し》の――に〈中途半端で役に立たない〉という意味のことわざになる言葉を入れなさい」などの出題が多い。

「雨垂れ石をうがつ・石の上にも三年・雨降って地固まる・虻蜂とらず・馬の耳に念仏・河童の川流れ・可愛い子には旅をさせよ・後悔先に立たず・弘法にも筆の誤り・転ばぬ先の杖・歳月人を待たず・猿も木から落ちる・三人寄れば文殊の知恵・朱に交われば赤くなる・背に腹は変えられぬ・立つ鳥跡をにごさず・泣き面に蜂・憎まれ子

❸「文法」→助動詞と助詞の用法・品詞の識別などを中心に整理しよう

口語文法は、単語の意味と用法、言葉の単位（単語）と文節の関係、品詞の分類と自立語・

> 故事成語とは、昔から伝わっているいわれや物語にもとづいてできた言葉で、中国の故事に由来するものが多い。「覆水盆に返らず・五十歩百歩・杞憂・他山の石・呉越同舟・蛍雪の功・四面楚歌・矛盾・蛇足・推敲・塞翁が馬・登竜門・会稽の恥をそそぐ・孟母三遷の教え・臥薪嘗胆・断腸の思い」など。新出の故事成語は、そのつど覚えていくこと。
>
> 世にはばかる・ぬかに釘・濡れ手であわ・のれんに腕押し・人の口に戸は立てられぬ・弱り目にたたり目」など。
>
> 漢字の知識では、画数・筆順・楷書と行書のちがいなどが重要だ。
> ここでは、行書体の漢字を楷書で書くときの総画数、行書体の漢字の点画の省略、行書で書くと（楷書と）筆順がちがう漢字、「右・左・布」などの左はらいの筆順、「忙・快」のりっしんべんの筆順、「小」の筆順、部首名などがよく出題される。

234

第4章 国語　国語の成績を伸ばす最短メソッドを教えよう

付属語、用言の活用、敬語表現などだが、どこがよく出題されるかを考えてみよう。

> 単語の意味と用法では、「助動詞と助詞の意味と用法」が出題される。助動詞は複数の意味をもつので、その使われかたを識別させる。助詞には同じ形であっても種類・意味・用法が異なるものがあるので、それを識別させる。「の・が・で」という同じ表現でも、品詞の種類が異なるものを見分けさせる問題が多い。
>
> 助動詞「れる・られる」には、①受け身（される）、②可能（〜できる）、③尊敬（なさる）、④自発（自然と〜）の用法がある。「父にほめられる。→①」「一人で起きられる。→②」「先生が来られる。→③」「家にいる母のことが案じられる。→④」と見分ける。
>
> 助動詞「う・よう」には、①推量（〜だろう）、②意志（〜つもりだ）、③勧誘（〜しよう）の用法。「雨が降るだろう。→①」「私は出かけよう。→②」「さあ、食べよう。→③」。
>
> 助動詞「まい」には、①否定の意志（〜しない）、②否定の推量（〜だろう）の用

法があり、「もう二度と会うまい。」→①「忘れることなどあるまい。」→②となる。

助動詞「ようだ・ように」には、①比況（まるで～）、②例示（たとえば～）、③推定（どうやら～）の用法があり、「その指は白魚のようだ。」→①「鳥のように飛ぶ。」→②（助動詞「ようだ」の連用形）「あれは隣で飼っている猫のようだ。」→③となる。

助動詞「そうだ」には、①様態（自分の目で見て判断する）、②伝聞（人から伝え聞く）の用法があり、「雪が降りそうだ。」→①「雪が降るそうだ。」→②となる。「そうだ」の上にくる動詞「降る」の活用形は、「降り→連用形」で「降る→終止形」。しかし、「私もそうだと思う。」は、副詞「そう」と助動詞「だ」が結びついた形なので覚えておきたい。

助動詞「ない」は、他の品詞の一部との見分けが出題される。①否定の助動詞、②形容詞、③補助形容詞、④形容詞の一部、などだ。「それは昔から変わらない。」→①「すわる場所がない。」→②「私の家は大きくない。」→③「胸がせつない。」→④となる。

助詞の意味と用法の問題では、文を読むだけで感覚的に正答できる問題もあるが、

第4章 国語の成績を伸ばす最短メソッドを教えよう

入試によく出る助詞とその他の語との文法面からの見分けかたは知っておきたい。

助詞「の」には、①主語を表す格助詞（「が」に置き換えられる）、②連体修飾語（下の体言を修飾する）を示す、③体言を代用する、④並立を示す用法がある。「私の持っている本。→①」「隣の猫が鳴く。→②」「歌うのが好きだ。→③」「なんのかんのと言う。→④」など。

助詞「と」には、①格助詞（引用する）、②格助詞（結末を示す）、③格助詞（並立を示す）、④接続助詞（順接と逆接）の用法がある。「妹は、私も行くと言う。→①」「雪がとけて水となる。→②」「君と僕は友だちだ。→③」「教室を出ると走りだした。→④」など。

助詞「に」は、本来の助詞の用法と他の単語の一部であるものとを見分ける。①格助詞（場所・時間・帰着点・目的・結末・相手を示す）、②接続助詞「のに」の一部、③助動詞「ように」の一部、④副詞「ついに」の一部、⑤形容動詞の活用語尾などだ。「約束の時間に遅れる。→①」「夏なのに寒い。→②」「春のように暖かい。→③」「ついに到着した。→④」「公園で元気に遊ぶ。→⑤」（形容動詞「元気だ」の連用形）などだ。

助詞「で」の見分けもよく出題される。①格助詞(手段や材料・場所や時間・原因や理由・動作の様子や状態を示す)、②断定の助動詞「だ」の連用形、③形容動詞の活用語尾、④接続助詞「て」の濁ったもの、などだ。「ベンチで休む。」→①「吾輩は猫である。」→②「紅葉が見事である。」→③「鳩が飛んでいる。」→④と見分けられる。

その他では、格助詞・接続助詞の「が」、接続助詞の「ながら」、副助詞の「さえ」、副助詞の「ばかり」、副助詞・接続助詞の「でも」など。各自で整理しておくこと。

≫ 単語と文節の関係では、「言葉の単位と文節」「文節と文節の関係」「文の成分」「文節の係りと受けの関係」などがよく出題される。

言葉の単位と文節では、文構成の最小単位である単語には自立語と付属語がある。文を不自然にならない程度に短く区切ったときのひと区切りを文節という。文節はひとつの自立語、またはそれに付属語が付いて成立し、ひとまとまりの音声上の特徴がある、を理解する。

文節と文節の関係では、①主語と述語の関係、②修飾と被修飾の関係、③接続の関係、④独立の関係、⑤並立の関係、⑥補助の関係、などを判別する。並立の関係と補

第4章 国語　国語の成績を伸ばす最短メソッドを教えよう

助の関係は連文節（＝二つ以上の文節がまとまって、ひとつの文節のような働きをする）になることに注意。

ここでの出題は、「次の文を単語に区切るとき、適切なものはどれか？」「次の文の文節の数は？」「――線部の文節と――線部の文節の関係は？」という内容なので得点源にしたい。

文の成分とは、文を組み立てている各要素のこと。①主語（主部）、②述語（述部）、③修飾語（修飾部）、④接続語（接続部）、⑤独立語（独立部）がそうだ。一文節の場合は「主語」と呼び、連文節の場合は「主部」と呼ぶ（その他もおなじ）。

文節の係りと受けの関係は、修飾と被修飾の関係をつかめば正答できる。よく出題されるのは呼応（陳述）の副詞としての「決して→…ない＝否定」「たぶん→…だろう＝推量」「もし→…たら＝仮定」などの一定の形式で用いられる表現なので、覚えてしまおう。

≫　品詞の識別では、「品詞の分類」「活用のある自立語」「活用しない自立語」「付属語」などについて出題される。品詞の分類は、8個の自立語と2個の付属語を表でつかむことが先決となる。「――線部の品詞名は？」「――線部のうち品詞が他と異な

線部のうち活用しない語は？」「——線部のうち活用しない語は？」などの出題なので、覚えてしまうにかぎる。

連体詞の「その|知恵・いわゆる自慢話・あらゆる機会・とんだ災難・わが国」など、補助動詞の「犬が歩いている。」「母が帰ってくる。」「食べてみる。」「お読みください」や、補助形容詞の「寒くはない・はっきり言ってほしい」などを整理するといい。後者の「ほしい」は、動詞の連用形に接続詞「て」が付いたものに付いて、相手に求める気持ちを表す。

≫ 用言の活用では、「動詞の活用の種類」「動詞の活用形」「形容詞・形容動詞の活用」が出題される。「——線部と活用の種類が同じ動詞を選べ」「——線部の品詞と活用形は？」などの内容が多い。動詞に「ナイ」をつけて未然形を作り、その活用語尾の音（ア段・イ段・エ段）で見分けること。カ変は「来る」のみ、サ変は「する」「○○する」のみ。

≫ 敬語表現では、「敬語の種類→尊敬語・謙譲語・丁寧語」「敬語の使いかた」が重要だ。尊敬語は「相手や話題の人物の動作や様子を、高めていう」表現であり、謙譲語は「自分や自分の側の人の動作をへりくだっていう（＝自分の動作を低くする）」表

第4章 国語 国語の成績を伸ばす最短メソッドを教えよう

現である。

謙譲の動詞の「参る・申す・申し上げる・いたす・拝見する・いただく・差し上げる・うかがう・うけたまわる」など、謙譲の名詞・接頭語の「ぼく・ぼくら・わたくし・わたくしども・自分・手前・家内・小生・拙宅・弊社・小社・拝聴・拝読」などを整理すると、尊敬語とのちがいが明白につかめる。

出題では、「──線部を○○に対する敬意を表す表現にしなさい」という形式が多い。「動作の主体はだれなのか」「だれに対する言葉なのか」をつかめば正答できるはずだ。

❹「古典（古文・漢文）」→口語文法とのちがい・古語の意味などを中心に

ここは、歴史的仮名遣い・文法（主語・述語・助詞の省略・係り結び）、動作主や主題の見つけかた、古語の意味・文脈のたどりかた、文学史、漢文の決まり、などが重要だ。

≫ 歴史的仮名遣いでは、「古語で表記された文」の読みを現代仮名遣いでの表記（平

仮名)に直す、「古語で表記された文」を文節で区切る、などが出題される。

≫ 古典文法の「主語・述語・助詞の省略」では「——線部の意味・用法はなに?」という問題、「係り結びの法則」では係助詞の「ぞ・なむ→結びが連体形＝強調」「や・か→結びが連体形＝疑問・反語」「こそ→結びが已然形＝強調」などがよく出題される。

≫ 動作主の見つけかたでは、主語を示す格助詞「が」の省略、前のほうの文中に動作主が示される、文の途中で動作主が変わる、文の作者の動作に主語が示されない、などに注意。動作主を探す問題もよく出されるので、注意ぶかく読む練習をくり返すこと。

主題のとらえかたは、随筆では具体例のあとに作者の感想や教訓が述べられることが多いので、そこに「作者のものの見かた・感じかた」をとらえる。説話などは、話の展開のしかたや結末の持っていきかたに注意して、その「話のおもしろさ」をとらえるといい。

文を示して「——線部の主語は?」と問うもの、「登場人物はどのような人か?」を問うものが多い。（注釈）が付いていることが多いので、そこにヒントを探すこと

第4章 国語の成績を伸ばす最短メソッドを教えよう

も可能だ。

≫ よく出題されるのは、やさしい文で書かれた説話の『今昔物語集』『日本霊異記』、伝奇ものの『竹取物語』。そのほかに、歌物語の『伊勢物語』、随筆の『徒然草』など。

古語の意味では、現代と異なる意味の語がよく出題される。「あはれなり→おもむきが深い」「ありがたし→珍しい」「おとなし→大人びている」「おどろく→はっと気づく」「うつくし→かわいい」「けしき→様子・表情」「やがて→そのまま・すぐに」など。

現代では使われない語もよく出題される。「いと→非常に」「つとめて→早朝・翌朝」「つきづきし→似つかわしい」「さらなり→言うまでもない」「とく→はやく」など。

口語訳するときは、省略されている語句を補うこと、助動詞の「き・けり・なり・たり・ぬ・む(ん)・ず」などに注意すること、この二つが大事だ。古語の意味や口語訳は「いくつかの答え」から選択する問題なので、前後の流れをつかめば正解できる。

また、会話の部分に「　」を使わないで、会話のあとに「…と申す・…言ふ・…問

≫ 文脈のたどりかたは現代文と同じでいいが、古語に特有の指示語「かかる→このような・こんな」「かく→このように・こんなに」「さる→そのような・そんな」に注意したい。動作主を探す問題を解くやりかたと結びつけて、正しく語句をたどるようにしたい。

ふ」「…と・…とて」などの言葉がくることが多いが、この会話文を探す問題もよく出される。

≫ 文学史は、作品名や作者を漢字で正しく書けるようにする。物語や随筆では『竹取物語』『枕草子→清少納言』『方丈記→鴨長明』『徒然草→吉田兼好』『平家物語』のほか、『土佐日記→紀貫之』『蜻蛉日記→藤原道綱の母』『更級日記→菅原孝標女』など。和歌集では『万葉集』と柿本人麻呂・山上憶良など。その他の文学では『おくのほそ道・松尾芭蕉』などを押さえる。

≫ 漢文では、訓読のための送り仮名、返り点、置き字、書き下し文などのしくみを覚えること。訓読文とは、漢文を日本語の文法にしたがって、語の順序を変えたりしながら直訳して読む文をいうが、そのための工夫がいろいろな決まりとなっている。

244

第4章 国語　国語の成績を伸ばす最短メソッドを教えよう

送り仮名は、日本語読みのために助詞・助動詞・用言の活用語尾などを、漢字の右下に片仮名（カタカナ）で示したもので、捨て仮名・そえがなともいう（歴史的仮名遣いを用いる）。

返り点は、漢字の左下のすみに付け、下の字から上に返って読む。「一・二・三点」は、その順序にすぐ下の一字を読んでから、一字返って読む。「レ点」は上の二字以上を読んでから、上に返って読む。

置き字とは、訓読では習慣として読まない助字（付属語）のこと。文末の「也・哉・乎」、文中の「於・而・之」など。その字を抜かして読めばいい。

書き下し文とは、訓読した文を日本語の語調に合わせて、漢字仮名交じりの文に改めたものをいう。杜甫の漢詩『春望』の冒頭は「国破れて山河あり、城春にして草木深し」となる。

漢詩では、漢詩の形式の絶句（五言絶句・七言絶句）・律詩（五言律詩・七言律詩）、絶句の構成（起句・承句・転句・結句）を覚え、中国の盛唐（8世紀）代の詩人の李白・杜甫・王維・孟浩然、中唐の白居易、晩唐の杜牧などの名前を書けるようにする。

ここでは、訓読する順序、返り点のつけかた、漢文の内容の要約、漢詩の形式と作

者、押韻(韻をふむ)についての知識などが出題される。孔子と弟子たちの言行の記録である『論語』が素材にされることがよくあるが、その他に、現代文や古文と漢文とを組み合わせた文、書き下し文だけの出題もある。

食わず嫌いのままだと得点力が身につかないので、定期テスト前などに一気に覚えこんでしまって、忘れたころに復習するやりかたを何度かくり返すといい。国語力は他の教科を底支えする総合パワーであることを忘れてはならない。

「文法の知識は、文の読み解きを楽にしてくれるということをしっかり認識しよう。わからない個所でつまずいても、ヒントはいたるところに(注釈にも)あるので想像力を働かせること。古文・漢文では、字面を追うだけでなく、心情を推しはかることも大切だ」と語るのは茨城県出身のH・A君だ。彼は茨城大学附属中学〜県立水戸第一高校から現役で東大理Ⅰに進んでいる。

言葉をあつかう教科を軽視すると手痛いしっぺ返しを食らう。手を抜くことなく、言語能力を中心とした教養の奥行きがふかくなることを実感しながら、前進するのみだ。

第4章 国語 国語の成績を伸ばす最短メソッドを教えよう

古文攻略のポイント 1

主要な古文単語 1（形動→形容動詞の略）

- ▼**あいなし**（形容詞） ①筋が通らなくてよくない ②度を越していてよくない ③不調和だ ④つまらない
- ▼**あからさまなり**（形動） ①突然である ②ちょっと、ほんのしばらく
- ▼**あきらむ**（他動詞） ①明らかにする
- ▼**あく**（自動詞） ①満足する ②あきあきする
- ▼**あさまし**（形容詞） ①意外だ ②がっかりだ ③嘆かわしい ④とんでもない
- ▼**あぢきなし**（形容詞） ①どうにもならない ②にがにがしい ③無益である ④しかたがない
- ▼**あたらし**（形容詞） ①惜しい ②立派である
- ▼**あだなり**（形動） ①たよりにならない ②むだだ
- ▼**あてなり**（形動） ①身分が高い ②上品である
- ▼**あながちに**（形動） ①強引だ ②一途だ ③必ずしも ④めったに、決して

- ▼**あやし**（形容詞） ①不思議だ ②異常だ ③けし からんことだ ④身分が低い ⑤みすぼらしい
- ▼**あやなし**（形容詞） ①道理に合わない ②理由がない ③つまらない
- ▼**あやにく**（形動） ①あいにくだ ②意地が悪い
- ▼**ありがたし**（形容詞） ①まれである ②できそうもない ③生きづらい ④感謝にたえない
- ▼**いたはし**（形容詞） ①役に立たない ②つまらない ③何もない ④ひまである
- ▼**いたづらに**（形動） ①役に立たない ②つまらない ③何もない ④ひまである
- ▼**いたはし**（形容詞） ①病気で苦しい ②骨が折れる ③かわいそうである ④大切に思う
- ▼**いとど**（副詞） ①いっそう ②その上（…も加わって） ③そうでなくても（…なのに）
- ▼**いとほし**（形容詞） ①かわいそう ②いじらしい
- ▼**いぶかし**（形容詞） ①気がかりだ ②見たい ③不審だ、よくわからない

247

主要な古文単語2〈形動→形容動詞の略〉

- ▼**いぶせし**（形容詞） ①心が晴れない ②うっとうしい、気持ちがわるい
- ▼**いみじ**（形容詞） ①はなはだしい ②すぐれている ③大変うれしい ④非常にひどい ⑤とても悲しい、情けない
- ▼**うしろめたし**（形容詞） ①不安だ ②気がとがめる
- ▼**うしろやすし**（形容詞） ①あとあとのことも心配ない、安心できる
- ▼**うたて**（副詞） ①ますますひどく ②異様に ③いやに、情けなく
- ▼**うたてし**（形容詞） ①おもしろくない ②心が痛む
- ▼**うるはし**（形容詞） ①美しい ②端正だ ③まじめである ④仲がよい ⑤とっつきにくい
- ▼**おとなふ**（自動詞） ①音を立てる ②訪問する
- ▼**おのづから**（副詞） ①自然に ②たまたま ③万一
- ▼**おぼつかなし**（形容詞） ①はっきりしない ②不安である ③もどかしくて会いたい ④疑わしい
- ▼**おほとのごもる**（自動詞） ①おやすみになる ②お眠りなさる（尊敬語）
- ▼**おろかなり**（形動） ①いいかげんだ ②言葉では表しつくせない ③ばかだ ④不器用だ
- ▼**かしこし**（形容詞） ①恐ろしい ②おそれ多い ③すぐれている ④はなはだしく
- ▼**かしづく**（他動詞） ①大切に守り育てる ②後見する
- ▼**かたはらいたし**（形容詞） ①気の毒である ②みっともない ③きまりが悪い
- ▼**かなし**（形容詞） ①いとしい ②すばらしい ③心がいたむ ④気の毒である ⑤くやしい
- ▼**こころぐるし**（形容詞） ①心苦しく思う ②痛々しい、気の毒である
- ▼**こころなし**（形容詞） ①分別がない ②人情がない

第4章 国語 国語の成績を伸ばす最短メソッドを教えよう

- **こころにくし**（形容詞） ①奥ゆかしい ②期待に心が引かれる ③警戒すべきだ
- **ことわる**（他動詞） ①是非を見わける ②ことの筋を説明する ③先に事情を説明しておく
- **さうざうし**（形容詞） ①物足りない、心寂しい
- **すさまじ**（形容詞） ①興ざめだ ②殺風景だ ③寒い
- **つたなし**（形容詞） ①愚かである ②不運だ ③技芸が劣る ④見苦しい、みっともない
- **つらし**（形容詞） ①思いやりがない ②苦痛に感じる、つらい
- **つれなし**（形容詞） ①冷淡である ②平気だ ③知らぬふうである ④思うにまかせない
- **なさけ**（名詞） ①人情 ②男女の愛情 ③風流心、風情 ④おもむき
- **なまめかし**（形容詞） ①優美である ②しっとり美しい ③色っぽい
- **にほふ**（自動詞） ③かおる ④輝くように美しい染まる
- **ののしる**（自動詞） ①大声で騒ぐ ②評判になる ③世間に勢力をふるう
- **はかなし**（形容詞） ①頼りない ②頼りにならない ③つまらない ④いいかげんだ ⑤たわいない、幼稚である
- **はかばかし**（形容詞） ①はきはきとしている ②頼もしい ③際立っている ④本格的である
- **はしたなし**（形容詞） ①無愛想である、程度が激しい ③無愛想である ④体裁が悪い
- **はづかし**（形容詞） ①気がひける ②相手が立派だ
- **むつかし**（形容詞） ①不快だ ②わずらわしい ③気味が悪い ④むさくるしい
- **やさし**（形容詞） ①やせ細るほどつらい ②恥ずかしい ③控えめだ ④優美だ ⑤けなげだ
- **ゆかし**（形容詞） ①知りたい ②なつかしい ③優
- **をかし**（形容詞） ①興味深い ②趣がある ③美だ、愛らしい ④立派である

文の読み解きでは問題文に限定して答える力をつけよう

文章の読み解き問題で設問に正答することの意味を考えよう

テスト問題の形式は、第一問に論説文などの長めの文章が出され、漢字の読み書き、「──線部」の品詞の用法、「──線部」が表す内容のまとめ、「これ・それ」などの指示語の中身などの設問に答えさせて文脈を追わせ、問題文の主題などを読みとらせるものが多い。第二問にも小説などの長めの文章が出されて、読み解き問題（漢字の読み書きもふくむ）だけで70点（100点満点）を超える場合もある。第三問以下は古典や韻文（詩・短歌・俳句）、文学史についての問題などだが、文の読み解きがいかに重要視されているかがわかる。

ここで考えたいのは、いくつかの設問に次々と正答していくことを手がかりにして、文脈をたどり、論点や主題などをしぼりこむ手順についてだ。小説では登場人物の心情などをつかむのも決め手のひとつだが、その手順も論説文などの読み解きと基本的におなじでいい。

まず、設問そのものが文意の読み解きへの導きの糸であることに気づくこと。

第4章 国語　国語の成績を伸ばす最短メソッドを教えよう

論説文などでの問題作成者は、「主張などが核心にさしかかる→いったん結論を出す→例証を重ねる→大きな結論をまとめる」という記述の約束ごとにもとづいて、「──線部」に設問をこしらえて解答者に「論理展開」のまとめをうながし、大きな結論にいたる正しい読み解きかたへと導こうとする──このような心理（＝出題の動機）をもっているからだ。

うがった言いかたをすると、問題作成者は「設問に正答してほしい→結論にたどり着いてほしい」という心理に後押しされて、重要なところに設問をこしらえたくなるのだろう。

設問の近くに答えがある！　とは文の属性（＝備わる性質）からする事実で、考えや主張がある部分に集中的に、たたみかけるように記述されることによる。

また、設問のこしらえかたには問題作成者の気持ちが現れるので、それが解答者へのヒントにもなる。

こうした気持ちは授業をする先生がたにもみられる。「この部分を別の表現でまとめている個所は？」と質問して注意を向けさせ、そこに正しい答えがある理由をわからせる。音読のリズムを変えて、前方の文と設問を結びつけて答えに気づかせる、などがそうだろう。

良問というのは、設問のひとつひとつに正答していくと、全体の文意もまた正しくつかめる問題をいう。そのため、問題作成者は良問をこしらえることを使命とする。

ところが、文脈や大きな結論などと関係のない文に設問をこしらえると、論理的に読むことの意味が損なわれるので、文意がまとまらなくなる。このタイプを悪問・愚問という。説明文や論説文をあつかう意味は、良問を解くことで論理の流れを正しく追いながら、筆者の伝えたい内容の核心をつかみ、それを簡略な文にまとめる力を育てることにある。文を読みとる技能と文を整序する技能は国語力の根幹なので、総合力が伸びることは疑えない。
いちばんの良問は、各種の問題集に収録されている過去問だろう。公的な評価をクリアできているので、それを解くことで基礎的な技能を固める効果がもたらされる。
これからの入試出題に備えて、新しく刊行された説明文（新書など）を読んで知識を増やしていくのもわるくないが、それより先に、過去問をこなして正しい読み解きの技能を身につけてしまいたい（小説などは別項で考える）。

私立・国立の有力校や中堅以上の私立校を志望する場合は、五年間ほどの過去問を解いて出題傾向をつかみ、そのための対策を急ぐこと。古文や漢文、漢詩などを多めに出題する中堅の私立校もあるので、合格するための特別な勉強をやっておくことが必須となる。

第4章 国語 国語の成績を伸ばす最短メソッドを教えよう

設問に答えるために問題文をまとめるのが最短コース

入試の読み解き問題は、長い文章の前後をカットしたり、途中の一部を省略したりする出題のしかたが一般的だ。問題作成者の意図は、限定された文章内での論理の展開（論説文など）や心情のありかた（小説など）を、正しくつかめるかどうかを問うところにある。

カットされたり省略されたりした部分を考えに入れないで、問題文の文脈をたどって主張・意見などをまとめ、「──線部①」の理由を五十字以内で書け、「──線部②」の具体例をあげよ、「──線部③」の説明として適切なものを次から選べ、などの設問に答えていく。

主張・意見を「まとめてから設問に答える」よりも、「設問に答えるためにまとめる」ほうが現実的な解答のしかただ。「──線部③」のタイプの問題では、いくつかの選択肢を読むだけで「○か×か」が判別できるので、主張・意見をまとめるための助けにもなる。

ここに「問題文を深く読む」イコール「設問に正答するために考える」という図式が見えてくるので、主張・意見などのまとめでは、問題文を「設問をこしらえる目線」で読むことが最短コースだとわかる。それが「設問は正答へのヒントでもある」ということだ。

また、主張・意見をちがう表現でいい換える一文を「──線部」とし、「それは何を意味す

るか?」という設問も多い。

同じ主張・意見に「抽象的に述べている部分」と「具体的に述べている部分」があることを指摘させるだけでなく、そのいい換えした一文が「主張・意見などのまとめ」でもあることに気づかせようとするタイプの設問もある。

設問の性質を利用して、まず問題文をざっと一読したあと、すぐに設問を読んで「何が問われているのか」をつかんで、答えをしぼるやりかたが有効な場合もある。

たとえば、「――線部」はどのような内容をいうのか、次の①～⑤の選択肢から選べという設問では、すぐに選択肢を読んで、何が問われているのか、答えはどういう形式がいいのかなどをつかんでから、問題文をじっくり精読すると誤答などしないはずだ。

大切なのは「思いこみ」や「決めつけ」を排除して、問題文の論理の流れを素直にたどることだ。説明的な文には、世間の常識や時勢に異議をとなえる内容のものが多いので、自分の知識や意見、感情などと切り離して、筆者の論理の展開のしかたをつかまえること。

条件作文などとちがって、読み解き問題で「解答者のあなたはどう思いますか?」という設問はありえないのだから、君たちの知識や感情などに封印するのは当たり前だろう。問われているのは筆者の主張・意見であることを、しつこいくらい頭に入れておく必要がある。

説明文・論説文などを読み解く技法について考えよう

ここでは説明的文章（論説文・解説文など）を読み解くためのテクニックについて考えてみよう。

筆者の「いいたいこと＝主張・意見」をしぼりこむには、飾りの表現をとり除いて、主要な文の骨格をあらわにし、それらの要点をつなぎ合わせる必要がある。

まず筆者による問題提起をつかみ、筆者が肯定する文に○、否定する文に×、飾りだけの文に△、などのマーク付けで文章をスリムにし、主要な文をはっきりさせるのも有効だ。

● 「指示語」→指し示す内容を的確にとらえる

もう「耳にタコ」状態だと思うが、指示語が指し示す内容を的確にとらえることが大事だ。小学校で習った「こ・そ・あ・ど」は話し言葉での指示語で、話し手との関係によって「近称・中称・遠称・不定称」に分類される。文章での指示語も、その基本のかたちは変わらない。

ふつう指示語の指し示す内容は、その指示語より前にあるので、直前あるいはもう少し前

の部分から探すこと。文中から「その内容」の見当がついたら、指示語の部分に「その内容」を入れてみて（＝数学の代入法の要領）、文の意味が通るかどうかをチェックする。文の意味が通じるなら、それで大丈夫。指示語の内容を明らかにしていけば、文脈を正しくたどることができるし、筆者の主張・意見を簡潔にまとめるための準備もととのう。また、指示語の内容そのものを答えさせる設問も多いので、それにも正答できる。

● 「接続語」→働きをつかんで文の前後の関係をとらえる

接続語では、順接の「だから・したがって・それで・それゆえ・すると」などと、逆接の「だが・けれども・しかし・ところが・でも・が・なのに」などが重要だ。

順接とは、ある条件について予期されるとおりの結果が現われることを示す。要するに、逆接は前の文（×印）とちがう事柄が後ろにくることを示すので、逆接の接続詞以下につづく文（○印）をマークする。

また、「たしかに……だ（ではある）。しかし……」の形の文では、「たしかに」や状態を表す形容動詞（連用形）に導かれる文はいずれ否定される（△→×印）ことを想定しながら読み、「しかし」以下が「いいたいこと」（○印）であるとつかむ。

256

第4章 国語 国語の成績を伸ばす最短メソッドを教えよう

並立の「そして・それから・また・ならびに・および」は、二つ以上のものが対等に並ぶことを示す。累加の「そのうえ・なお・しかも」は、かさね加えていくことを示す。この二種は文脈にさして影響がないが、対等に並ぶ内容を問われ場合は、正答できるようにする。

対比・選択の「あるいは・それとも・または・もしくは」なども文脈にあまり影響を与えないが、対比・選択の内容を問われても答えられるようにしたい。

転換の「さて・では・ところで・一方・次に・ときに」などは、内容のまとめには関係しないが、文脈が変わるときに用いられるので、前後のつながりを見失わないように。

説明・補足の「つまり・すなわち・たとえば・なぜなら・ただし・結局は」などは、内容のまとめに関係する。「つまり」は副詞「要するに」と同じで、前に述べたことを、その意味を変えずに別の言葉でまとめようとする気持ちを示すので、きわめて重要だ。

● 「文の形式」→筆者の表現技法に注意して読み解こう

初めに結論をもってきて、以下にその理由などの説明をかさねていく文のスタイルを好む筆者も少なくないので、注意したい。本当に「いいたいこと」はその格調が高めで、しかも簡潔にいい切る文となることが多いことも知っておきたい。

冒頭の文が疑いをはさむ余地のないような断定の形の場合は、その一文が結論ではないかと疑ってみるといい。その疑問が正しければ、読み解きに成功したことになる。

また、初めに「問いかけ」する文の形式もある。たとえば「……それはなぜか？」と疑問を出して論点をしぼっておいて、以下でいくつかの答えを検討しながら論を進める。こちらを論じて答えを出し、あちらを論じて答えを出すなど、入り組んだ形式の文もある。

こうした表現技法に惑わされず、素直に読むのが正答するコツだろう。

●「理由・具体例・事実描写」のあつかい→△印をつけて読む

筆者は主張・意見を読者にわかってもらおうとして、その理由を述べる、具体例をあげて説明する、ことわざを引用して効果を強めるなど、説得力を高める工夫をする。それらの記述上の工夫は樹木でいえば枝葉にあたるので、重要ではない部分（△印）になる。

たとえば、理由を述べる→「なぜなら……」「……だから」などに導かれて説明する。具体例をあげる→「具体的には……」「たとえば……」に導かれて例示する。事実描写→「事実・現象・数字など」を報告する、などを見分ければいい。

筆者の主張・意見と「事実」を区別して読むことも大切だ。主張・意見は「……と思う。」

第4章 国語　国語の成績を伸ばす最短メソッドを教えよう

「……ではないだろうか。」「……しなければならない。」などの文末になる。
理由や具体例は論を進める説明なので△印にし、その近くに本当の「いいたいこと」があると見当をつけ、結論づけるように「簡潔にまとめられた文」を探すのがコツだ。ただし、「理由や具体例を示せ」という設問もあるので、その部分は「△印→○印」へ昇格する。
事実描写も同じで、それが「何を」説明しているのかをつかみ、その「何」に相当する本当の「いいたいこと」を確定する。いずれは不要になる部分ではあるが、筆者の「主張・意見→いいたいこと」を補足する記述でもあるので、注意したい。

● 「ひねりのある表現」→意味するものを的確につかもう

ひとひねりした文章表現にも注意したい。「肯定＋否定」の文は「……であって、……でない。」の形、「否定＋肯定」の文は「……でなく、……である。」の形。肯定は○印、否定は×印になるが、一文ごとに「○印・×印」をつけていくことで考えが整理できる。
「二重否定」とは「……でないことはない。」などの否定を２つ重ねる表現だが、じかに肯定の意味にはならないで、ある部分だけ肯定する微妙なふくみをもつ。「部分否定」とは「必ずしも……でない。」など、文の一部だけを否定する表現になる。

「逆説」とは、通常とはは逆のいいかたで物事などを説明しようとする表現法のこと。「逆説的にいうと（＝逆ないいかたをすると）」「逆説的に聞こえるかもしれないが（＝矛盾に思えるかもしれないが）」などの表現に導かれて用いられる。

真理や結論と反対のことをいっているようにみえるが、よく考えてみると正しいことをいい表す技法で、英語の paradox（パラドックス）の訳語になる。

また、「二項対比」を示す表現では、筆者が「あれかこれか」のどちらに同意するのかを判断して○×印をつけ、それが「二項対立」にまで進展するかどうかを見きわめる。

● 「抽象名詞」→文中での使われかたから真の意味をとらえる

いろいろな抽象名詞があるが、それらの「辞書での意味」を当てはめたのでは意味がうまくつかめない場合がある。その文中での意味をつかむには、それぞれの文のあいだの論理的な関係や続きかた（＝文脈）のなかでの抽象名詞の使われかた（＝文中の意味）を判断する。

主観・主観性・主観的、客観・客観性・客観的、抽象・具象・具体、普遍・特殊、人格・人間性・自我、理性的・感情的、論理的・心情的、合理・合理性・非合理、などがそうだ。

たとえば、主観とは「自分ひとりだけの考え」をいい、客観とは「だれが見てもそうだと

第4章 国語の成績を伸ばす最短メソッドを教えよう

思われる立場で考えるさま」をいうが、それではピンとこないので、「主観＝よくない、客観＝よい」として読むと、イメージが具体的になって読み解きできることもある。

●「文の要約」→○印の文をつなげれば仕上がる

文章の中で、ひとつの主題（＝中心的な考え）をもってまとまった部分を段落という。

文の要約は、①各段落の中心文（＝話題の中心をまとめた文）を見つけ出し、その要点をまとめる、②各段落のつながりを整理して要点をつなぎ合わせる、③結論の部分をつかみ、その内容を中心にして文をまとめる、という流れになる。

実際には「各形式段落の○印の文をつなげ、それをひとつの文に整理して、制限字数内でまとめる」というやりかたでいい。○印の文をまとめるだけで制限字数に近くなることが多いので、あとは手直しを加えて、日本語として適切な文に仕上げること。

制限字数にまったく合致しない文にしかならない場合は、どこかで読み解きに失敗していると考えたほうがいい。問題文をじっくり読み直しすれば、正答が見つかるはずだ。

以上、説明的な文章を読み解く技法について考えてみた。

文学的文章は「論理的読み＋感情移入の読み」の両立で

この分野では、天文や宇宙、生物などの自然科学に関するもの、文明や世界観、地球環境、社会構造、未来社会など、さまざまなフィールドが扱われるが、専門知識のない読者向けに書かれているので、君たちにも十分に読み解きできる。筆者には「世間で事実や常識とされることへの異議申し立て」をする傾向があるので、そこに注意しておこう。

次は文学的文章（＝小説など）の読み解きのための技法などを考えてみよう。

小説や随筆などは文学的文章と呼ばれるが、入試には小説がよく出題される。説明的な文章とちがって物語性をもっているので、人物の発言や行動から感情の起伏を読みとるおもしろさはあるが、同時に、人物どうしの親和感や対立などをつかみとる難しさもある。

小説では、人物どうしの感情や心理のもつれなどがドラマ（＝劇的なできごと）を生む。そのドラマのつらなりがストーリーを構成し、それを追いかけることで、筆者が訴えたいテーマ（＝主題）をつかむ——これが「小説を読む」という精神活動の中身だろう。

頻出するのは、「心情（＝こころの状態・こころの中で思っていること）」の問題だ。

第4章 国語
国語の成績を伸ばす最短メソッドを教えよう

多くは「そのときの人物の気持ち（＝心情）はどうだったか？」という設問なので、その人物が直面しているのはどんな出来事か、その場面はどうなのか、に注目する。次に、人物の心情や様子などが表現されている部分をマークし、人物の行動や表情を反映するような風景や気候などもマークする。筆者は、情景描写にも人物の気持ちをあずけるからだ。

心情をつかむためには、ある人物に感情移入して、その言動や態度にどこまで共感をかさねられるか、が問われる。しかし、それだけでは十分ではない。その心情にいたる気持ちの変化などの流れを追うためには、やはり論理的な読み解きが必要になるからだ。

場面（背景・人物・事件など）の移り変わりは、論理的に読みとるやりかたを土台にしておいて、そこに感情移入する読みかたを溶かしこむとつかみやすい。感情移入するだけだと、人物を「好きか嫌いか」で分ける読みかたになりがちなので、文意がずれることもある。

心情についてでよく出題されるのが「主題＝テーマ」をつかませる問題だ。

主題とは、小説や随筆の筆者が作品をとおして訴えようとする「中心となる思い」のこと。小説では中心的な人物の考えかたや気持ち、その人物像の特徴などを押さえ、クライマックスの場面にどのような態度をとる、どのような行動をするかに注目してまとめる。問題文まての「あらすじ」が記してあるので、それも参考にして物語の展開をつかむこと。

人物Aと人物Bの違いを「　　　」内に文章中の言葉を用いて書け、「　　　線部」の人物の気持ちの説明として適切なものを選べ、などの形式の設問が多い。選択肢の問題は、余計なことが書いてあるものを除外する。

随筆では、筆者の「意見や感想を述べる部分」と「事実を述べる部分」を分けて、前者の意見・感想から主題をとらえる。気ままに自由な形式で書く文章なので、「中心となる思い」は文章の終わりにまとめられることが多い。ふつうに読んでいけば大丈夫だろう。

この文学的文章では、「人物の成長、家族、学校・友情」がテーマのものがよく出題されるが、とくに重松清・あさのあつこ・山本一力らの作家の文章が好まれているようだ。

韻文・古典は表現技法を覚えて作品世界を味わっておこう

韻文とは韻律（＝言葉のリズム）を整えた文のことで、詩・短歌・俳句などをいう。それぞれの独特の表現技法があるので、それらを整理して典型的な問題を解いておきたい。

詩の技法には、印象を深くする直喩（ちょくゆ）・隠喩（いんゆ）・擬人法（ぎじんほう）などがある。

直喩とは、ひとつの事柄を直接に他の事柄にたとえる技法で、「雪のように白い」のように

264

第4章 国語の成績を伸ばす最短メソッドを教えよう

「たとえ・ごとし・ようだ」などとはっきり比喩であることを示す。隠喩とは、言葉のうえでは「たとえ」の形式をとらない比喩をいい、「雪の肌・ばらの微笑」などの表現になる。

擬人法とは、人間でないものを人間になぞらえる表現技法で、「山笑う・鳥歌う」など。

その他に、等置法・体言止め・反復法・対句法・省略法・呼びかけ・命令などの技法があるので、テスト形式の問題をひととおり解いて覚えてしまいたい。

短歌は、五七五七七の五句三一音が原則。一句の途中で意味が切れることを「○句切れ」という。俳句ではそれを「切れ字」といい、助詞の「ぞ・や・か・かな」や助動詞の「けり・なり」がくる。俳句では季語をひとつ詠みこむのが原則だ。

ここでは、古典がテーマの文章についても考えておきたい。短歌についての俵万智の文、孔子と弟子の言行の記録『論語』、中国の漢詩なども出題されるので、テスト形式の問題をひととおり解いて正答する感覚をつかんでおくといいだろう。

難関の私立・国立校を志望するのであれば、レベルの高い古典問題も解いておきたい。中堅の私立有力校の場合も、古典を得点源にすると合格圏に届くのでがんばること。

265

古文攻略のポイント 2

文語文法の特徴

① 主部・述部を省略することがある
　(翁)勢い猛の者になりにけり →主部の省略
　春はあけぼの (をかし) →述部の省略

② 主語を示す助詞「が・は」をはぶくことが多い
　鳥｜飛ぶ　山｜高し　風｜立ちぬ

③ 助詞「を」を省略して連用修飾語にする
　花の　散る　(を)　見ゆ（副詞的な意味）

④ 「過去」「完了」「推量」の助動詞の種類が多い
　その子、顔よかりき→顔がきれいだった
　昔、男ありけり→一人の男がいたそうだ
　都ぞ春の錦なりける→都は春の錦であることよ
　かぐや姫とつけつ→かぐや姫と名をつけた
　泣きぬ笑ひぬ→泣いたり笑ったり
　さし入りたる月の色→さしこんでいる月の光
　＊過去・完了を表し、口語の「た」に相当する

　何のたのしびかあらむ
　　→何の楽しみがあろうか
　ここにさぶらはむ→ここでお仕えしましょう
　夜も明けなむず→夜もあけるだろう
　子というものもなくてありなむ
　　→子どもというものはないほうがいい
　をかしからまし→すばらしかっただろう
　＊「推量・意志・勧誘・命令・仮定」などを表す助動詞で口語の「…だろう・…たい・…しませんか・…とした　ら、そのような」に相当する

④ 用言の活用がちがう

動詞
　古文→日も 暮れぬ　山までは 見ず
　口語→日も 暮れてしまう　山までは 見ない

形容詞
　古文→うるはしき貝、石など多かり
　口語→うつくしい貝や石などが多い

【形容動詞】
　古文→夕日の影も**静かなり**
　口語→夕日の光も**静かである**

⑤**係り結びの法則**→文末は終止形が原則だが、文中に係りの助詞があると述語の活用形は変化する

【助詞「ぞ・なむ」】→連体形で結ぶ（強調の意）
　水ぞ　**流るる**
　水なむ　**流るる**
　歌をなむよみていだしたりける
　（歌を詠んでさしだしたそうだ）

【助詞「や・か」】→連体形で結ぶ（疑問・反語の意）
　水や　**流るる**
　水か　**流るる**

【助詞「こそ」】→已然形で結ぶ（強調の意）
　水こそ　**流るれ**
　野分の朝こそ　**をかしけれ**

---

⑥**文語「助詞」の現代語と異なる用法**
　雁の連ねたる**が**見ゆる（…が→主格の格助詞）
　梅**が**枝（連体修飾格→格助詞「の」と同じ意味）
　手のわき人(は)（…が→主格の格助詞）
　山の端に日**の**かかるほど（…が→主格の格助詞）
　雪**の**降るふるさと（連体修飾語をつくる格助詞）
　あやまちす**な**、心して〜（禁止を表す終助詞）
　花の色は移りにけり**な**（詠嘆を表す終助詞）
　沖つ白玉拾ひて**な**（希望を表す終助詞）
　今は漕ぎ出で**な**（呼びかけ誘う終助詞）
　救ひ給**わな**（願い求める意を表す終助詞）

⑦**古典和歌の表現技法**
【枕詞】　特定のことばにかかる修飾語で大部分は五音節からなる（ふつう口語訳しない）

あかねさす→日・紫　あしひきの→山
あらたまの→年・月　あをによし→奈良
くさまくら→旅　しきしまの→大和
しろたえの→衣・袖　たらちねの→母
たまきわる→命　ちはやふる→神
ぬばたまの→黒・夜　ひさかたの→天・光
むらぎもの→心　ももしきの→大宮

序詞 ある語句を導くための七音以上のことば

「秋風の吹き裏返すくずの葉の
　うらみてもなお恨めしきかな」

→秋風の〜くずの葉のが「うらみ」を導く
序詞。「うらみ」は序詞との関係では「裏
見」、歌の本意では「恨み」となる。

掛詞 同音異義語を用いて1語に2つの意味を

飽き→秋　会ふ→逢坂　会ふ身→近江
会ふ日→葵　文目→菖蒲　憂き→浮き
仮→刈　離る→枯る　来たる→着たる
来る→繰る　口無し→梔子　立つ→裁つ
眺め→長雨　降る→旧る　古る
踏み→文　思ひ→(語尾)火
松→待つ　見る→海松（みる）

縁語 1首のなかに関連深い語を多く盛りこむ

「白川の知らずとも言わじ底清み
　流れて世々にすまむと思へば」

→**すまむ**は「住まむ」と「澄まむ」の掛詞。
「白川」「底」「流れ」「澄まむ」が縁語。

擬人法 ある事柄を人間のしたこととして見る

「春の夜のやみはあやなし
　梅の花色こそ見えね香やはかくるる」

→**春の夜のやみ**を擬人化している

第5章 社会の成績を伸ばす最短メソッドを教えよう

覚えこみ優先で「理解力＋得点力」を押し上げよう

地理・歴史・公民は「覚える」を先行させて整理しよう

　社会科は「地理的分野」「歴史的分野」「公民的分野」の3分野から構成され、公立校では1、2年で地理的分野と歴史的分野を並行して学習し、3年で公民的分野を学習する。

　「地理的分野」は、①世界と日本の地域構成、②地域の規模に応じた調査、③世界と比べてみた日本、という従来の構成から、①世界のさまざまな地域、②日本のさまざまな地域、という2構成に改められた。世界の諸地域への地理的な知識などがより重視されたことになる。

　世界の地理や歴史についての内容充実がはかられ、外国の文化を理解することを通じて、他国を尊重し、国際社会の平和と発展に役立とうとする態度を養うのが目的とされる。

　また、日本の諸地域については事実的な知識を覚えるよりも、地理的な見かたや考えかたを充実させるという。それは地理的な技能（＝地図を読む・地図を作る）の重視につながり、思考力・判断力・表現力などの土台となる言語力を育てるための活動がめざされている。

第5章 社会　社会の成績を伸ばす最短メソッドを教えよう

これらは入試問題にも反映されるので、世界の諸地域の生活や文化などについての出題、日本の諸地域の地図や資料などから特徴を読みとる出題、などがさらに増えるだろう。

ここ数年の入試では「日本のさまざまな地域」が出題率1位で、その内容としては「日本の自然環境」「日本の資源と産業」などがよく出題されている。「世界のさまざまな地域」もよく出題されていて、その内容は「地球のすがた」「世界地図と世界の国々」などで、いわゆる地理的な知識のごく基本的なものをしっかり覚えることが求められている。

とくに日本の各地域の地理的な特徴などに強くなると、つぎの「歴史的分野」へのつながりが容易になるので、歴史上の人物の活動ぶりなども身近なものになってくる。

「歴史的分野」は、①わが国の歴史の大きな流れ、②古代までの日本、③中世の日本、④近世の日本、⑤近代日本のあゆみ、⑥現代の日本と世界、という内容は従来と変わらないが、①がより重視され、従来は一項目だった「近現代の日本と世界」が⑤と⑥に分けられた。

①の重視は、日本の歴史の系統的な理解に力を入れることを意味するが、入試問題への影響は大きくないだろう。従来の入試ではずっと「近世の日本（＝江戸時代）」からの出題が1位を占めていたが、ここ数年は「近代の日本（＝明治時代）」が多くなってきているし、これからは「現代の日本（＝戦後）」からもかなりの高率で出題されると予想される。

近年の国際的な情勢などの影響もあって、わが国の近代以降の歴史知識への関心の高まりも期待されるようなので、学習内容もより豊富になるだろう。それにつれて少しずつ入試の傾向も変わっていくことだろう。

「公民的分野」は、①私たちと現代社会、②私たちと経済、③私たちと政治、④私たちと国際社会の諸課題、という構成になった。従来とちがうのは、④が独立して加えられたこと。

①は「現代社会と文化、現代社会をとらえる見かたと考えかた」、②は「市場の動きと経済・国民の生活と政府の役割」、③は「人間の尊重と日本国憲法の基本原則」、④は「世界平和と人類の福祉の増大」、などの内容だ。新しい④は「脱ゆとり」で高校の公民に移行された内容が復活したもの。流動する国際政治や国際政治をあつかう。

入試での出題順位は「私たちと政治」→「私たちと経済」→④として加えられた「国際社会の動き（＝国際社会のしくみ・国際連合・地域主義の動向など）」となっている。

この分野は覚えなければならない知識事項が多くて大変に思えるが、現在の政治情勢や時事問題に興味をもつようにすると、案外すんなりと身につく。ニュース報道に関心をもつだけでも世間への見方がちがってくるし、その背景を考えることの大切さにも気づきたい。

社会科では新出の内容をそのつど「覚える」ことが最低条件となる。

第5章 社会

社会の成績を伸ばす最短メソッドを教えよう

効率よく覚えるためには段階をふむ必要がある。まず教科書のなかの地図や図表、写真などの資料が意味する内容を読みとって「わかる」を実現すること。つぎは、各種の資料は理解のための助けとなると同時に、資料そのものが出題されるので、丸ごと覚えてしまうこと。

「地理的分野」の気候区分では、気温や降水量の細かい数字などは不要だが、グラフの特徴は覚える。世界の国々の写真や農業地域の図なども、「説明できる＋覚える」を同時に。この分野が社会科の基礎であることを忘れないこと。日本地図はもちろん、主要な都市の地理的な位置や特徴などを即答できるレベルに到達しておくことが望ましい。

「歴史的分野」では、寺院や仏像・人物像の写真、いろいろな絵巻物、海外貿易に使われた船の絵図、建築物の写真、農具や町中の絵図、浮世絵、などを見分けて説明できるように。その時代や人物などに興味をもつことが大切となる。小学生向けのマンガ『日本の歴史』などを再読して歴史感覚を高めるのもいい。雑学的な知識は意外に大きなパワーになるので、国語の古文などにも役立つことも視野に入れて、たくさん詰めこんでほしい。

「公民的分野」では、三権分立の図示、衆議院と参議院の議決のルール、各種裁判のしくみ、経済の循環図、需要と供給の関係図、地域主義の図示、などを説明できるように。

この分野は、ちょっと背伸びして覚えるのがコツだ。深い意味あいが理解しきれなくてもか

問題集を解いて実戦感覚を育てながら記憶量を増やそう

教科書の文が頭に入りにくいときは音読するといい。手指で資料を指さしながら音読すると黙読よりも余計に脳を働かせるので、記憶力が上昇するという。近郊農業、促成栽培・抑制栽培などを「音読＋手指で書く」で覚えると、単調な丸暗記より効率がいいといわれる。

暗記力には個人差があるが、「目で読む＋声をだす＋その声を耳で聴く＋手指で書く」などの身体運動をともなう覚えかたが一番効果的なので、すぐに試してみるといい。

また、教科書の復習を終えてから問題集をやるのが順序とされるが、教科書を読み直しながら問題集をやる、あるいは問題集をやりながら教科書を復習するのも効率がいい。覚えてから問題を解くのではなく、覚えるために問題を解く、という逆転した発想にもとづく。

まわないので、専門用語などを日常的につかうことが大切になる。だれでも最初は知ったかぶりから始めるのだから、まちがいや勘ちがいなどを恐れる必要はない。

教科書の本文と各種の資料をひとつの内容にまとめて、それらの関係を言葉で説明できるようにするのがコツだろう。そこまでやって始めてテストで正答できる力が身につく。

第5章 社会の成績を伸ばす最短メソッドを教えよう

テスト形式の問題（＝問題集に収録）の多くは入試に出された過去問なので、「どの内容が・どのような形で」で狙われるかがわかるし、それらに正答すれば教科書の内容を頭に入れたことになる。計算問題などのように初級から中級へというステップをふむ必要もない。

社会科は知識中心の教科なので、初めから上級問題をやるとムダがない。答えがわからなかったらすぐ解答を見て、「なるほど！」と納得したうえで覚える。得点できる知識を蓄えるのが目的なので、できるだけ時間を節約して、最短コースをめざすこと。

ひととおり問題をこなすと「何が出題されるか」がわかるし、「どうすれば正答できるか」もわかる。やればやるほど知識が豊かになるので、疑うことなく得点力が伸びる。

もっとも確実な覚えかたは、教科書と資料集をつき合わせながら、いろいろな問題を解くことで、あいまいな記憶を一個ずつ正確なものに変えていくやりかただろう。

大事なのは、ある事項から別の事項を連想できるように工夫することだ。「教科書＋問題集＋資料集」を合わせて覚えると、記憶の連鎖（＝脳内の鎖のつながり）が増えて長くなるので、吊り上げ（＝思い出し）やすくなる。関連する事項がチェーン状につながって納められているので、ひとつを吊り上げるだけで、複数の記憶をとり出すことができるからだ。

インプット（＝入力）時に、覚えたい事項の幅と奥行きを広げておくと、アウトプット（＝出

力）しやすくなるという理屈だ。ある人物の背丈や体つき、顔つきやしぐさ、会話や声の調子などを覚え、さらに手指を使って印象をメモしておくと、思い出しやすいのと同じこと。覚えるときに労力を費やしておくとラクに思いだせるのだから、思いだそうとして頭をしぼるよりも、覚えようとして頭を働かせるほうが、利口なやりかただとわかる。

その効果が大いに期待できるのは、定期テストだろう。

定期テスト前の準備が大切なのはどの教科も同じだが、とくに社会科は一気に「つめこむ」やりかたが有効なので、高得点をねらって、ムリをしてでも覚えこむほうがいい。忘れたころに復習して「また覚える→忘れる→また復習する」をくり返せば定着するはずだ。

「社会科は基本的に覚えるだけの教科だが、因果関係（＝一方が原因で他方が結果であるというつながり）をしっかり把握する。教養として知っておきたいことも多いが、まずはテストで点数をとれるようにしておくことが大事だ」と語るのは、高知県出身のK・S君だ。

彼はまた、各分野での注意点を指摘してくれている。

「地理的分野」では、鉄道・道路マップで仮想旅行をするのもいいと思う。それぞれの観光名所などにカルデラ・鍾乳洞などの特徴があることに気づくも大事なことだ。日本列島を北から南まで鉄道で旅をするゲームもあるので試してみるといい、と語る。「歴史的分野」では、歴

276

第5章 社会　社会の成績を伸ばす最短メソッドを教えよう

史を単純化してイメージをつかむことが大事だ（ムカついたからとりあえず戦争した、など）。マンガや三国志（＝翻訳物）などで、まず興味をもっと抵抗がなくなるのでいい。偉人伝などを読むのも興味をもつきっかけになる。友人と、古今東西ゲームなどで国名を覚え合うのも楽しくていいと思う。おもしろがっているうちに知識が身につくので、勉強している感覚など忘れられる、と語っている。

「公民的分野」では、新聞報道やTVニュースを活用して時事感覚を豊かにする。身近なものから入ることは大切なことだし、それだからこそ覚えられる、とK・S君は助言する。

以下で、各分野の重要ポイントを簡略に考えてみよう。

❶ 「地理」の成績を伸ばす→地図に強くなることが基本だ

地図帳には、各図法による日本や世界の地図のほかに、地図の記号と地図の見かた、世界の自然と生活などの世界の諸地域の特色が載せられ、日本の国土と地形など以下の特色も載せられる。その情報の内容と量のすばらしさは、地理についての「図書館」ともいえる。

この地図から、どのように情報を読みとるかが課題のひとつだろう。世界の国々や日本の地形をデッサンする、都道府県の略図を描く、5万分の1の地形図を読み解くなど、読図・

作図の技能に慣れるなど、「脱ゆとり」後の新しい出題傾向に備える必要があるだろう。

教科書の本文や資料を読んでいくときに地図帳が欠かせないのはもちろんだが、もうひとつ大事なのは、問題集と地図帳をリンク（＝連動）させることだ。教科書をまるまる覚えるのは相当に手間がかかるが、問題を解きながら知識を整理し、それをさらに地図帳で確かめるようにするといい。ものを考える糸口が増えるので、結果的に覚えやすくなる。

これはじつに初歩的なことだが、地図をながめて「上、下、右、左」と方角を呼称するなどの不正確なやりかたはやめること。東西南北を正しく示しながら、縮尺を読みとって、実際の距離も正しく「〇〇キロメートル」と表現することを心がける。

教科書にはもちろんだが、地図帳にもいろいろな図表が掲載されている。それらの図表を読みとる場合は、その単位をまちがえないこと。気温や雨量、風量や積雪量、自然資源や産物などの算出量、輸入と輸出の比率、人口とその増加率、などを正しく読みとること。

① 「世界のさまざまな地域」では、世界の構造としての「地球のすがた」は→陸地と海洋の比率・地球儀・経度と緯度・赤道と子午線など。「世界地図」の→正距方位図法・正積（モルワイデ）図法・メルカトル図法など。「世界の国々」は→六大陸と三大洋・

第5章 社会　社会の成績を伸ばす最短メソッドを教えよう

海洋国と内陸国・世界の気候区（熱帯・寒帯・冷帯・乾燥地域・高地など）・宗教の分布などを整理する。

また、「世界の諸地域」では→アジア州・ヨーロッパ州・北アメリカ州・南アメリカ州・アフリカ州・オセアニア州の特徴をまとめる。

② 「日本のさまざまな地域」では、日本の構造としての「日本のすがた」として→日本の緯度と経度・国の領域の定義（領土・領海・領空）・日本の領域・都道府県の区分など。「日本の諸地域」を→西南地方・中央地方・東北地方の特徴としてまとめる。

「日本の自然環境」は→世界の地形と日本の地形（環太平洋造山帯）・日本の気候区分・自然災害などを整理する。

「日本の資源と産業」は→エネルギーの輸入依存・地球温暖化・原発と電力の構造・農業の特色・林業と水産業の特色・工業と第3次産業の特色などをまとめる。「身近な地域の調査」では→二万五千分の一や五万分の一の地形図の読みとり・地図記号などに慣れる。

また、「世界と日本」では→交通網（航空・海上・陸上）・貿易の傾向と相手国・通信網の発達・世界と日本の人口・人口の過疎と過密などをまとめる。

世界の諸地域が重視されるので「公民」と重複して、EU（ヨーロッパ連合）やASEAN（東南アジア諸国連合）、近年話題になっているTPP（環太平洋経済連携協定）交渉などからの出題が増えるだろう。

「いろいろな地域の地形や気候、産業などを知っていくのが楽しかった。それらが学習のなかで結びついていく瞬間がとても感動的だった」と語るのは山口県出身のI・Kさんだが、勉強を楽しむ気持ちが強ければ強いほど、成績もまた良好なものとなるだろう。彼女は、山口大学附属小学校〜中学〜県立山口高校から東大文Ⅲに進んでいる。

❷「歴史」の成績を伸ばす→各時代の特色と時代転換の中身を知ろう

ここは「わが国の歴史の大きな流れ」がいっそう重視され、「近代の日本（＝明治時代）」と「現代の日本（＝戦後）」もいままでよりも出題率が高くなると予想される。

よく出題されるのは「近世（＝江戸時代）」→「近代日本（＝幕末から明治時代）」→「武家時代（＝鎌倉幕府・室町幕府・戦国時代）」→「古代国家（＝飛鳥時代・奈良時代・平安時代）」の順になるが、その他の時代もねらわれるので、穴のない準備をしておきたい。

歴史を社会のありかたから要約するのは中学生には少し難しいので、印象的な人物を中心

第5章 社会　社会の成績を伸ばす最短メソッドを教えよう

に時代の特徴などをつかんでいくのもいい。飛鳥時代は聖徳太子と推古天皇、蘇我馬子と蘇我蝦夷、蘇我入鹿など。この方法はマンガ『日本の歴史』の手法なので、親しみやすい。

≫ 奈良時代は藤原不比等、遣唐使の吉備真備と阿倍仲麻呂、鑑真と唐招提寺など。

≫ 平安時代は桓武天皇、征夷大将軍の坂上田村麻呂、天台宗の最澄、真言宗の空海、小野篁、遣唐使中止と菅原道真、平将門、摂関政治と藤原道長、清少納言と紫式部、平清盛など。

≫ 鎌倉時代は源頼朝、藤原定家、浄土宗と法然、鴨長明と吉田兼好、親鸞と日蓮など。

≫ 室町時代は足利尊氏と後醍醐天皇、足利義満と金閣寺、足利義教と足利義政、活動での雪舟と世阿弥など。室町後期は下剋上の世に。

≫ 戦国時代は今川義元と織田信長、武田信玄、将軍足利義昭、明智光秀と秀吉、石田三成と徳川家康、豊臣秀頼と淀殿など。

≫ 江戸時代は三代将軍の徳川家光、五代将軍徳川綱吉と柳沢吉保、新井白石、八代将軍徳川吉宗、田沼意次と松平定信、杉田玄白、伊能忠敬、シーボルト、水野忠邦、大塩平八郎、ペリー、ハリス、井伊直弼、高杉晋作、福沢諭吉、近藤勇と土方歳三、坂

281

本龍馬、西郷隆盛と大久保利通、最後の将軍徳川慶喜、榎本武揚など（以下は略す）。つぎの「近代日本のあゆみ」では、明治維新で活躍した人物をまとめ、以降は政治的な活動をした人物をたどりながら、芸術や文化、医学などの方面での人物もとり上げること。

① 「わが国の歴史の大きな流れ」では→文明の起こりと日本のあけぼの（国々の誕生）・古代・中世・近世・近代・現代への流れを大きくつかみ、各時代の特色をまとめる。

② 「古代までの日本」では→飛鳥時代・奈良時代・平安時代の区分と特色をつかむ。十七条の憲法と聖徳太子・遣隋使と小野妹子・大化の改新と中大兄皇子・曽我氏と中臣鎌足・白村江の戦い・壬申の乱と天武天皇など。表や写真にも強くなっておこう。

③ 「中世の日本」では→武士の起こり（平清盛と平氏の滅亡）・鎌倉時代の成立・元寇と鎌倉幕府の滅亡・建武の新政・室町時代の成立と日明貿易・戦国大名の登場（織田信長と豊臣秀吉）・ルネサンスと宗教改革・鉄砲とキリスト教の伝来など。図表や屏風図もマーク。

④ 「近世の日本」では→徳川家康と徳川幕府・鎖国と朱印船貿易・農工業と都市の発達・幕政の改革・幕藩体制のゆらぎなど。図表や写真も整理しておこう。

第5章 社会 社会の成績を伸ばす最短メソッドを教えよう

⑤「近代日本のあゆみ」では→ヨーロッパの近代化（名誉革命と産業革命）・イギリスの東インド会社・廻国と江戸幕府滅亡（大政奉還）・明治維新・立憲政治（自由民権運動・大日本帝国憲法）・日清戦争と日露戦争・日本の産業革命などを整理する。

⑥「現代の日本と世界」では→日本の戦後改革（民主化・GHQ・農地改革と農村の変化）・戦後の世界（朝鮮戦争と冷戦）・日本の独立と経済発展（サンフランシスコ平和条約・国際連合加盟・高度経済成長）・発展途上国の台頭・国際協調の動きなど。図表や写真も覚える。

授業では今後の出題増が予想される「現代の日本（＝戦後）」にかける時間が少なくなりがちなので、自分でカバーして得点できる知識にまで高めておきたい。「戦後の日本」に強くなると3年生でやる公民的分野の基礎が固まるので、一挙両得をめざしてがんばること。

❸「公民」の成績を伸ばす→裁判員制度などの時事的な用語を押さえる

公民は「地理＋歴史」の上に構成される分野なので、2年生までの知識を確実にしながら理解を深めていくこと。新聞などから最新の時事問題などを吸収し、それを自分の知識と結

びつけて、テストに強い実戦力（＝得点できる力）を育て上げることを目標にしたい。

よく出題される「私たちと政治」では、現在の政治状況と比べながら整理するとわかりやすいし、覚えるのも苦痛でなくなる。また、絶対に必要になるのは問題集を解くことだ。教科書の本文の暗記だけを急いでも効率がよくないので、テスト形式の問題を解きながら、その出題のしかたそのものを覚えるような感覚で進めるのがコツだろう。

できるだけリラックスして、しかも公民の知識の各要素をつねに頭に浮べながら問題を解いていく。テスト形式にはいろいろな切り口があるので、一本調子な教科書の記述のしかたよりもおもしろいはずだ。多様な切り口に慣れていくと、それだけで知識の窓口が広がる。どうしたら効率よく覚えられるかにこだわる──これが効率よく思いだすことを助けてくれる。

たとえば「国会のはたらき」などは、正直にいって頭から覚えようとしても難しい。ところが、ＴＶニュースなどの国会中継を記憶していると、不思議なことに無味乾燥したものは感じられなくなる。つまり、何とかしておもしろがる工夫をすればいいのだ。

新しい事項に出くわしたときは、ＴＶよりも新聞が役に立つ。トップページ（＝一面）や政治面がとっつきにくいのなら、社会面を先に読むといい。コラムを読むのも有効だが、そ

284

第5章 社会　社会の成績を伸ばす最短メソッドを教えよう

こで何らかの手がかりを得て、ふたたび政治面などを読むという反復作業が効くだろう。

① 「私たちと現代社会」では、戦後の高度経済成長・公害の発生・都市の過密化と農村の過疎化・少子高齢化社会・経済のグローバル化・情報社会の課題・核家族と単独家族の増加・伝統文化と年中行事・社会集団のルールなどを整理する。情報社会の課題では、情報モラルを守る・メディア・リテラシー（情報を読み解く力）を養う、など。

② 「私たちと経済」は出題率2位→経済活動（生産・流通・消費）・消費者の保護（＝法律など）・価格と物価（インフレとデフレ）・株式会社（株主と配当）・独占禁止法・日本銀行と金融政策・円高と円安・労働三法と男女雇用機会均等法・非正規労働者の増加など。図表やグラフを突き合わせながら、設問に正答するパターンをつかむ。

③ 「私たちと政治」は出題率1位→選挙制度（小選挙区制・比例代表制・1票の格差）・国会の働き（唯一の立法機関・衆議院の優越・内閣不信任決議・総辞職・総選挙）・内閣の働き（議院内閣制）・裁判所の働き（裁判員制度・三審制・違憲立法審査権）・三権分立（司法・立法・行政）・地方自治（地方税・地方交付税交付金）・直接請求権など。図式と一体で覚えること。

日本国憲法と人権では→西欧の人権思想・日本国民主権・平和主義・人権の限界・各種の権利・環境権・知る権利・プライバシー権・医療での自己決定権）など。

政府の役割と国民生活では→財政収入と租税（国税・地方税・直接税・間接税・公債）・景気変動（好景気・不景気・日本銀行の役割）・社会保障制度（社会保険・公的扶助・社会福祉・公衆衛生）・公害と環境（環境基本法・環境アセスメント・リサイクル社会）など。

④「私たちと国際社会の諸課題」も従来はよく出題された→国家の領域（領土・領海・領空・経済水域・各条約）・国際連合の役割（安全保障理事会と常任理事国・PKO活動・世界人権宣言・児童の権利条約）・地域のまとまり（EU・ASEAN・APEC・NAFTA）など。

国際問題（南北問題・ODA・NGO）地球環境問題（地球温暖化・温室ガス効果・酸性雨・熱帯林の現象・京都議定書・大気汚染）など。

以上だが、暗記にとりかかる前によく考えて理解するようにしたい。

第6章 理科の成績を伸ばす最短メソッドを教えよう

まず1分野を得意にして全体の成績上昇の突破口にしよう

理科(物理・化学・生物・地学)は内容が増えたので要注意だ

理科は、第1分野(物理・化学)と第2分野(生物・地学)に分かれ、前者は物質やエネルギーについての事物・現象をあつかい、後者は生物や地球についての事物・現象をあつかう。

現在は小学校〜中学〜高校を通じた内容の構造化がはかられ、「物理はエネルギーを柱に」「化学は粒子を柱に」「生物は生命を柱に」「地学は地球を柱に」などと規定されている。

また、各分野で新規の内容が大幅に加えられ、学年間での移行も行われた。

第1分野(物理・化学)は、①身近な物理現象(物理系)、②身の回りの物質(化学系)、③電流とその利用(物理系)、④化学変化と原子・分子(化学系)、⑤運動とエネルギー(物理系)、⑥化学変化とイオン(化学系)、⑦科学技術と人間という構成になる。

以下、新規に追加された内容と、学年間で移行された内容を列記してみる。

① 身近な物理現象では、「水と圧力」に「力とばねの伸び・重さと質量のちがい・水圧」が

第6章 理科　理科の成績を伸ばす最短メソッドを教えよう

新規に追加。②身の回りの物質では、「物質のすがた」に「プラスチック」が新規に追加。
③電流とその利用では、「電流」に「電力量・熱量・電子」が新規に追加。「電流と磁界」に「直流と交流のちがい」が新規に追加。④化学変化と原子・分子では、「化学変化」に「酸化と還元・化学変化と熱」が3年生から移行された。
⑤運動とエネルギーでは、「運動の規則性」に「力の合成・分解」が新規に追加。「力のつり合い」が1年生から3年生に移行され、「力学的エネルギー」に「仕事・仕事率」が新規に追加。「衝突」が小学5年生から中学3年生に移行された。
⑥化学変化とイオンでは、「水溶液の電気伝導性・原子の成り立ちとイオン・化学変化と電池」が新規に追加。「酸・アルカリとイオン」に「酸とアルカリ・中和と塩」が1年生から3年生に移行された。⑦「科学技術と人間」では、「エネルギー」に「熱の伝わりかた・エネルギー変換の効率・放射線」が新規に追加された。

第2分野(生物・地学)は、①植物の生活と種類(生物系)、②大地の成立と変化(地学系)、③動物の生活と生物の変遷(生物系)、④気象とその変化(地学系)、⑤生命の連続性(生物系)、⑥地球と宇宙(地学系)、⑦自然と人間。以下、新規追加と移行の内容を列記してみる。
①植物の生活と種類では、「植物の仲間」に「種子をつくらない植物の仲間」が追加。③動

物の生活と生物の変遷では、「生物と細胞」が3年生から移行。「動物の仲間」に「無脊椎動物の仲間」が新規に追加された。

④気象とその変化では、「日本の気象」に「日本の天気の特徴・大気の動きと海洋の影響」が追加。⑤生命の連続性では、「遺伝の規則性と遺伝子」が新規に追加（DNAをふくむ）。⑥地球と宇宙では、「太陽系と恒星」に「銀河系の存在をふくむ」を新規に追加。「月の運動と見え方（日食・月食をふくむ）」を新規に追加。⑦自然と人間では、「生物と環境」に「地球温暖化・外来種」を新規に追加。「自然環境の保全と科学技術の利用」は第1分野と共通。

以上、込み入ってはいるが正確さを心がけてまとめてみた。

理科は分野（物理・化学・生物・地学）によって攻略法にちがいがある

分野別の勉強のやりかたとして、物理は「理解してから覚える」、化学は「覚えてから理解する」、生物・地学は「覚えるイコール理解する」などの相違があるといわれる。

物理はよく考えて理屈としてわかることを先にし、覚えることを最小限にしぼる。化学は先

第6章 理科　理科の成績を伸ばす最短メソッドを教えよう

に必要な用語や化学式などを覚えてしまってから理屈をそのまま理解することに直結する、などと受験の世界で考える。生物・地学は覚えることがそのまま理解することに直結する、などと受験の世界で伝えられているからだ。

「物理は基本的な定義から導けるようにして理解するのだ。なるべく少なくシンプルに。だが、化学はある程度覚えないと始まらない。原理を重視して、覚えることは生活と結びつけて覚えるといいので、まず関心をもつこと」と語るのは、千葉県出身で私立の渋谷教育学園幕張中学～高校から東大理Ⅰに進んだK・T君だ。

彼は小学生の頃から理科の4分野すべてが好きで、ずっと成績もよかったという。「全部がおもしろかった。興味があるということは、かなりの強みになる」とも語っている。

また、理科でも音読による効果が期待できる。授業前の数分間を本文の音読にあてると内容が頭に入りやすくなるし、授業後の音読で頭が整理されてくる。理科として「わかる」が深まるごとにスムースにできるし、資料集の図解なども視覚的に覚えやすくなる。

どの分野も「教科書＋資料集＋問題集」の3点セットが必須だ。教科書の文は簡潔なので理解しやすいはずだが、それが逆に、勘ちがいを生むこともある。それらの穴を埋めるには「資料集を読む＋参考書を読む＋中級以上の問題集を解く」などの手当てが必要になる。

参考書は、理解のしかたが「不十分かな？」と疑問が生じたときに活用すればいいが、レ

ルの高い（＝難関校向け）参考書を読むと一発で「わかる！」こともある。やさしい説明よりも、より高度な内容をふくむ説明のほうが、かえって理解しやすいことがあるからだ。

少し上のレベルを意識することも、勉強のコツのひとつだろう。

物理・化学の分野では、少し視点を変えた計算問題や、意地の悪いひっかけ問題を解くと穴のない得点力が鍛えられるが、その一方で、少し背伸びをして原理や公式の証明などを「わかる」にしておくと、「なぜ？」という疑問のほとんどが解決できるようになる。

進学実績のある塾や予備校では、数学などの計算系の教科で裏ワザ的な解きかたなどを教えるが、じつはそれらは中学の範囲を超えた内容にもとづく解法であることが多い。

それと同じで、少し程度の低い内容を「わかる」にすると、暗記を急ぐ必要がなくなる。知識が分厚くなると理解する能力も伸びるので、本物の解答力が育つきっかけとなる。

生物・地学の分野でも、少し背伸びしたやりかたが役に立つ。ノーベル賞を受賞した研究をまとめた記事を読む、自然災害の要因を考える、などで知識を増やすのがその例だろう。千葉県出身のK・T君のいう「実際の生活と結びつける」考えかたが、ここで生きてくる。

もうひとつ大事なのは、定期テスト前の準備に全力をつくすことだ。一夜漬けでもかまわないので、4分野とも満点ねらいで頭に叩きこんでしまう。一度やったものをやり直すと記憶に

第6章 理科の成績を伸ばす最短メソッドを教えよう

残りやすいので、忘れた頃に二度、三度とやり直しすれば、もう忘れなくなる。

「テスト前にノートを作り直した。大事なところは赤色で書いて赤シートで隠して、それに正答できるまで何度もくり返して暗記を完璧にした」と語るのは、山形県出身のK・D君だ。

彼の中学では授業を理科室で行っていたが、何かあるとすぐに器材を用いて確認できたことも、記憶を確かなものにする助けになったという。実験の手順などもそうだが、目・耳・口・手指などを総動員しておくと、その場での光景が忘れないで残るといわれる。もう何度も紹介したが、彼は地元の公立中学～県立米沢興譲館高校から東大理Ⅲに進んでいる。

以下、各分野の重要ポイントを簡略に考えてみよう。

第一分野の「物理」は①身近な物理現象、③電流とその利用、⑤運動とエネルギー、「化学」は②身の回りの物質、④化学変化と原子・分子、⑥化学変化とイオン、というふうに奇数番号が「物理」で、偶数番号が「化学」となっているので混乱しないように。

第二分野もおなじで、「生物」は①植物の生活と種類、③動物の生活と生物の変遷、⑤生命の連続性、という奇数番号。「地学」は②大地の成り立ちと変化、④気象とその変化、⑥地球と宇宙、という偶数番号になっている。

❶「物理」の成績を伸ばす→「考える」優先で計算問題にも強くなろう

物理での出題は、⑤運動とエネルギーのなかの「仕事とエネルギー」「力のつり合い」が第1〜2位で、③電流とその利用のなかの「電流の性質」がそれに次いでいる。⑤分野の「力の表しかた・水と圧力」「力と物体の運動」もよくねらわれる。

③の分野では「電流と磁界」がそこそこの出題率。「光と音」では光による現象の出題率が高く、音による現象はやや低い傾向にある。

≫ ①身近な物理現象では、「光と音」「水と圧力」を1年生で学習する。「光と音」では→光の直進・入射角と反射角・光の屈折・凸レンズによる像（焦点・実像・虚像・音の伝わり方・音の速さ・音の大きさ（振幅）・音の高低（振動数＝周波数）など。ここでは鏡の反射による像・凸レンズによる像の作図・音の伝わる速さの計算問題がよく出題される。

一方の「水と圧力」では→圧力・水圧・浮力などだが、ばねばかりを用いた圧力と浮力の計算問題がよく出される。面積・力・圧力の関係や、水圧と浮力の関係に要注

第6章 理科　理科の成績を伸ばす最短メソッドを教えよう

私立の有力校を志望する場合は、「屈折の法則→光が鏡面で屈折するとき、入射角の正弦と屈折角の正弦との比は一定となる（＝スネルの法則）」「屈折率の計算」「作図に関するレンズの公式」「横波と縦波・音色・干渉と回折」などにも挑戦しておくこと。

≫ ③電流とその利用では、「電流」「電流と磁界」を2年生で学習する。「電流」では
→電流計と電圧計のつなぎ方・直列回路と並列回路・オームの法則・抵抗・電力量と熱量・直流と交流・静電気・真空放電と陰極線（＝実験）・電子など。回路と電流・電圧、オームの法則が計算問題としてよく出題される。

一方の「電流と磁界」では→磁界・磁力線・電流のまわりの磁界（＝右ねじの法則）・コイルのまわりの磁界・電流と磁界と力の向きの関係（＝フレミングの左手の法則）・電磁誘導・誘導電流・直流と交流のちがいなどを押さえる。モーターのしくみも覚えておこう。

私立や国立校志望者は、範囲外からよく出題される「直列と並列の場合の合成抵抗値の算出のしかた」「誘導電流でのレンツの法則」などに踏みこんで問題を解いてお

くこと。

> ⑤運動とエネルギーでは、「運動の規則性」「力学的エネルギー」を3年生で学習し、それに関連して、⑦科学技術と人間での「エネルギー」も併せて学習する。
> まず「運動の規則性」では→力のつり合い(力の合成・分解)・力の大きさ・フックの法則・斜面を上下する運動・自由落下運動・等速直線運動・慣性の法則・作用と反作用の法則などを押さえる。図表やグラフを用いる問題のほかに記述問題もよく出題される。
> 私立や国立の有力校を志望する場合は、「加速度」について「速さと時刻のグラフから加速度や移動距離を求める」問題も解いておくこと。

❷ 「化学」の成績を伸ばす→「覚える」優先で化学式などにも強くなろう

化学での出題は、②身の回りの物質のなかの「水溶液とイオン」「有機物・無機物と金属」が第1～2位。それに次いで④化学変化と原子・分子のなかの「化学変化と質量の変化・質量の割合」「分子と原子」「化学式・化学反応」がよくねらわれる。「酸・アルカリとイオン」

296

第6章 理科　理科の成績を伸ばす最短メソッドを教えよう

「気体の発生・気体の性質」も大切だ。この分野全体から出題されると考えていい。

≫ ②身の回りの物質では、「物質のすがた」「水溶液」「状態変化」を1年生で学習。「物質のすがた」では→有機物と無機物と金属・プラスチック・物質の密度・気体の発生と性質・実験器具の使いかたなど。「水溶液」では→溶質と溶媒と溶液・質量パーセント濃度・飽和水溶液・溶解度・結晶と再結晶など。物質の密度を求める計算問題、二酸化炭素や酸素の実験についての問題、質量パーセント濃度の問題、などがよく出題される。

つぎの「状態変化」では→固体と液体と気体・状態変化と粒子のようす・状態変化と体積と質量・沸点と融点・蒸留・エタノールと水の混合物の温度変化など。状態変化と粒子のモデル図がよく出題されるのでモデル図を描けるように。エタノールの実験図表も覚えること。

≫ ④化学変化と原子・分子では、「物質の成り立ち」「化学変化」「化学変化と物質の質量」を2年生で学習する。「物質の成り立ち」では→化学変化・熱分解と電気分解・原子と分子・化学式と化学反応式・物質の分類など。炭酸水素ナトリウム（重炭酸ソ

ーダ)の分解がよく出題されるので、実験の手順と結果をしっかりまとめておこう。

つぎの「化学変化」では→化合と酸化・酸化と質量の変化・還元と酸化・化学変化と(発熱・吸熱)など。化合・酸化・還元での化学式や化学反応式を覚える。

また、「化学変化と物質の質量」では→質量保存の法則・気体が発生する化学変化と質量・沈殿ができる化学変化と質量・金属の加熱と質量・化学変化と質量の割合などを、実験の手順や図表の変化として整理する。溶液に加えた物質の質量と、発生した気体の質量の関係をつかんでおくこと。実験グラフや反応式を用いた計算問題も解いておこう。

≫ ⑥化学変化とイオンでは、「水溶液とイオン」「酸・アルカリとイオン」を3年生で学習する。「水溶液とイオン」では→電解質と非電解質・水溶液の電気分解・原子の構造・イオンとイオン式・化学変化と電池、などをまとめる(非電解質は砂糖、エタノールなど)。

塩化銅水溶液と塩酸水溶液の電気分解は実験手順とその結果を覚えること。陽イオンと陰イオンの性質を理解し、イオン式を書けるように。電解質の水溶液に2種類の金属を入れると電池になるが、よく出題されるので、その原理を理解しておく(=ボ

第6章 理科 理科の成績を伸ばす最短メソッドを教えよう

ルタの電池など)。

つぎの「酸・アルカリとイオン」では→酸性、アルカリ性、中性の水溶液の性質・中和と塩など。リトマス紙・BTB溶液・フェノールフタレイン溶液の性質、pH(ピーエイチ)の数値の意味(酸性〜中性〜アルカリ性)を理解すること。

中和と塩では、酸の水素イオンとアルカリの水酸化物イオンが結合して水と塩ができる反応をイオン式で説明できるように。また、塩酸に水酸化ナトリウムを少しずつ加えたときの反応を「中和→中性→アルカリ性」への変化ととらえ、塩化ナトリウムができることを理解する。

いろいろな問題を解きながら、実験の手順と内容・結果をきちんと整理しておこう。

❸「生物」の成績を伸ばす→「覚える=理解する」で分厚い知識をめざそう

生物での出題は、トップが①植物の生活と種類のなかの「植物の体のつくりと働き」で、以下は「生物のふえかたと遺伝」、③の分野の「動物の体のつくりと働き」となっている。

その他では「植物の仲間」「動物の感覚と運動のしくみ」などがねらわれる。

① 植物の生活と種類では、「生物の観察」「植物の体のつくりと働き」「植物の仲間」を1年生で学習する。「生物の観察」では→スケッチのしかた（影をつけない）・ルーペや顕微鏡の使いかたなど。顕微鏡で観察する手順（反射鏡としぼりの調整・プレパラートと対物レンズ・接眼レンズとピント合わせ）がよく出題される。

つぎの「植物の体のつくりと働き」では→被子植物と花のつくり（子房・胚珠・離弁花・合弁花）裸子植物と花のつくり（雌花・雄花）・根と茎と葉のつくり（導管・師管・維管束・根毛・光合成のしくみ・呼吸と蒸散など。ここからの出題は、全体の第1位なので要注意だ。植物の茎や葉の細胞の模式図、茎や葉の断面図などを描けるようにする。

つぎの「植物の仲間」では→植物の分類・シダ植物・コケ植物など。シダ植物とコケ植物は種子をつくらずに胞子でふえるが、根と茎と葉の区別、水や養分のとり入れかたがちがう。植物の分類表やシダ植物とコケ植物（根・茎・葉の区別がなく、維管束がない）のちがいなどが出題される。

③ 動物の生活と生物の変遷では、「生物と細胞」「動物の体のつくりと働き」「動物の仲間」「生物の変遷と進化」を2年生で学習する。「生物と細胞」では→細胞のつくり（核・細胞質・細胞膜）・植物の細胞（細胞壁・葉緑体・液胞）・染色体・単細胞生物（ミド

第6章 理科 理科の成績を伸ばす最短メソッドを教えよう

リムシなど)と多細胞生物(タマネギ)などを押さえる。動物と植物の細胞のちがい、多細胞生物の体の成り立ちがよく出題される。

つぎの「動物の体のつくりと働き」では→消化と吸収(消化管・消化液・小腸の柔毛)・呼吸・血液の循環・排出(肝臓・腎臓)・感覚器官(目・耳)・神経系(中枢神経・末梢神経・反射など。だ液の実験(アミラーゼ)、ヒトの血液の循環経路、ヒトの呼吸での呼気と吸気にふくまれる気体の割合、刺激や命令の伝わりかた、反射などのしくみ、刺激への反応時間を求める問題などが出題される。

つぎの「動物の仲間」では→動物の分類・脊椎動物と無脊椎動物・卵生と胎生・変温動物と恒温動物(体温の変化)など。変温動物(トカゲなど)を覚えること。動物の分類では、卵に殻のある卵生と殻のない卵生がある、呼吸のしかたのちがい、体表のちがいなども整理する。

つぎの「生物の変遷と進化」では→動物の進化(相同器官・始祖鳥)をまとめる。相同器官とは、現在では形などがちがっても、もとは同じであったと考えられる器官のこと。始祖鳥とはハチュウ類と鳥類の中間と考えられる化石動物だが、その絵図は覚えておこう。

⑤生命の連続性では、「生物の成長とふえかた」「遺伝の規則性と遺伝子」を3年生で学習する。「生物の成長とふえかた」では→細胞分裂（核と染色体）・生物の成長・有性生殖と無性生殖など。植物の有性生殖ではイチョウ（花粉から精子を生じて受精する）を押さえる。

つぎの「遺伝の規則性と遺伝子」では→有性生殖と遺伝（遺伝子を受けつぐ）・無性生殖と遺伝（遺伝子をそのまま受けつぐ）・遺伝の決まり（減数分裂・分離の法則・優性の法則）などが重要になる。

植物の有性生殖では、めしべの柱頭についた花粉が胚珠に向けて花粉管を伸ばすことを押さえる。そのほか、植物の細胞分裂の過程（＝その順序）、細胞分裂での染色体の変化、遺伝子の本体＝デオキシリボ核酸（＝DNA）など。優性の法則とは、対立する形質をもつ純系どうしを交配すると、子の代では優性の形質だけが現れることをいう。入試にも出題されるので、この形質の伝わりかたを、図解などと組み合わせて理解しておこう。

第6章 理科 理科の成績を伸ばす最短メソッドを教えよう

❹「地学」の成績を伸ばす→気象異変や地震災害なども参考にしよう

地学での出題は、⑦自然の人間から「生物と環境」が第1位。同率で頻出するのは④気象とその変化からの「天気の変化・大気の動きと日本の天気」「空気中の水蒸気の変化」だ。ついで⑥地球と宇宙からの「太陽と月」「太陽系と恒星」「地球の運動と天体の動き」②大地の成り立ちと変化からの「大地の変化」「火山と地震」などだ。近年は地震の出題率が低下しているが、近年に大地震が起きたことから出題増加が予想される。

≫ ②大地の成り立ちと変化では、「火山と地震」「地層の重なりと過去の様子」を1年生で学習する。「火山と地震」では→火山とマグマ・火山の形・火成岩(火山岩と深成岩)・火成岩をつくる鉱物・地震の震源と震央・初期微動と主要動(初期微動継続期間)・震度とマグニチュード・活断層・海洋プレートと大陸プレートなど。

入試には、マグマの性質と火山の形、火山岩や深成岩の見分けかた(無色鉱物と有色鉱物)、地震計での地震のゆれを伝える波の速さの計算、などが出題される。

つぎの「地層の重なりと過去の様子」では→地層のできかた・堆積岩(れき岩・砂

岩・泥岩・凝灰岩・石灰岩・チャート）・地層の広がり（柱状図・かぎ層）・化石（示相化石と示準化石）・地質時代（＝地質年代）・大地の変化（断層・しゅう曲・河岸段丘・海岸段丘）など。

ここでは、柱状図から地層の広がりや傾きを読みとらせる問題が多い。手がかりになる層を「かぎ層（＝共通の地層）」といい、いくつかの柱状図の凝灰岩層で高さをそろえると、火山活動による凝灰岩層がそれに当る。示準化石とは、地層が堆積した時代を知る手がかりとなる化石のこと。「古生代→中生代→新生代」をつかんでおく。

示相化石とは、地層が堆積した当時の自然環境を知る手がかりとなる化石のこと。アサリ・カキ・サンゴなどが示す環境を整理しておく。

≫ ④気象とその変化では、「気象観測」「天気の変化」「日本の気象」を2年生で学習する。まず「気象観測」では→気象の変化・雲量・風向・気圧と風・高気圧と低気圧・寒冷前線と温暖前線など。高気圧と風のふきかた（下降気流・右回りの風）・低気圧と風のふきかた（上昇気流・左回りの風）がよく出題される。

つぎの「天気の変化」では→寒冷前線の通過と・通過後の天気の変化・温暖前線の通過時と通過後の天気の変化など。前線の通過による天気の変化は、かなりの頻度で

第6章 理科 理科の成績を伸ばす最短メソッドを教えよう

出題される。

つぎの「日本の気象」では→偏西風と季節風・陸風と海風・日本付近で発達する気団・日本の四季の天気と海洋の影響・梅雨・台風など。春と秋の天気の特徴、夏の天気の特徴、梅雨の天気の特徴、冬の天気の特徴などを、天気図の読みとりと一体化させて覚えよう。

⑥地球と宇宙では、「天体の動きと地球の自転・公転」「太陽系と恒星」を3年生で学習する。「天体の動きと地球の自転・公転」では→太陽の大きさ・太陽の表面（温度・プロミネンス・コロナ・黒点）太陽の1日の動き（南中と南中高度）・太陽の日周運動・月の満ち欠け・日食と月食・星の1日の動き・星座の位置・季節による星座の見えかたなど。

ここでは、黒点の観測（一定方向へ移動）と太陽の自転、月の満ち欠けが起こるしくみ、日食と月食の起こるしくみ、天体の日周運動と年周運動のしくみ、などが出題される。

つぎの「太陽系と恒星」では→太陽系・地球型惑星と木製型惑星・内惑星と外惑星・金星の満ち欠け・恒星と銀河系など。星座の位置の移動・金星の満ち欠け、などが出題される。教科書などの図解をしっかり覚えてしまおう。

> ⑦自然と人間では、「生物と環境」を3年生で学習する。現在は「地球温暖化」「外来種」が追加されているので、世界規模での排ガス規制、原産地と外来種、在来種と外来種などについてまとめておこう。

以上で、理科の重要ポイントのまとめを終えよう。

アンケート協力者名簿

①グループ（公立中学～公立高校　49名）

イニシアル	出身地	出身校	入学時
K・S	青森県	県立弘前高校	理Ⅰ
S・K	山形県	県立山形東高校	文Ⅰ
K・D	山形県	県立米沢興譲館高校	理Ⅲ
I・Y	宮城県	県立仙台第一高校	文Ⅲ
N・N	茨城県	県立土浦第一高校	理Ⅰ
A・K	新潟県	県立新潟高校	文Ⅰ
M・K	群馬県	県立前橋高校	文Ⅱ
A・H	群馬県	県立太田高校	文Ⅲ
Y・M	群馬県	都立日比谷高校	文Ⅲ
K・Y	埼玉県	県立熊谷高校	理Ⅱ
K・A	埼玉県	県立浦和高校	文Ⅱ
N・T	埼玉県	県立浦和高校	文Ⅱ
S・A	埼玉県	県立浦和高校	文Ⅱ
A・S	埼玉県	県立浦和高校	理Ⅱ
A・K	千葉県	県立千葉高校	理Ⅱ
N・K	千葉県	県立千葉高校	理Ⅰ
T・Y	千葉県	県立千葉高校	文Ⅱ
T・M	千葉県	県立千葉高校	文Ⅱ
M・K	東京都	都立国立高校	理Ⅱ
O・T	東京都	都立武蔵高校	文Ⅱ
K・T	東京都	都立富士高校	文Ⅱ
M・T	東京都	都立戸山高校	文Ⅰ
N・Y	神奈川県	県立湘南高校	文Ⅲ
K・E	神奈川県	県立横浜翠嵐高校	文Ⅱ
S・M	神奈川県	県立柏陽高校	理Ⅱ
O・M	山梨県	県立都留高校	文Ⅱ
M・M	長野県	県立松本深志高校	理Ⅱ
S・K	長野県	県立飯山高校	理Ⅰ
O・N	静岡県	県立韮山高校	文Ⅲ
I・K	愛知県	名古屋市立菊里高校	理Ⅱ
H・K	愛知県	県立千種高校	理Ⅲ
A・T	愛知県	県立旭丘高校	文Ⅱ
I・Y	愛知県	県立刈谷高校	理Ⅰ
T・H	愛知県	県立半田高校	文Ⅲ
K・H	富山県	県立高岡高校	文Ⅰ
O・K	富山県	県立富山中部高校	理Ⅰ
K・H	石川県	県立金沢泉丘高校	文Ⅱ
K・K	三重県	県立津高校	理Ⅱ
I・K	兵庫県	県立加古川東高校	理Ⅰ
K・S	岡山県	県立大安寺高校	文Ⅲ
F・M	鳥取県	県立米子東高校	文Ⅱ
I・K	山口県	県立山口高校	文Ⅲ
N・T	熊本県	県立済々黌高校	文Ⅲ
N・M	熊本県	県立熊本高校	文Ⅰ
H・Y	熊本県	県立熊本高校	文Ⅲ
K・S	熊本県	県立熊本高校	文Ⅰ
B・K	長崎県	県立島原高校	文Ⅰ

イニシアル	出身地	出身校	入学時
M・T	宮崎県	県立宮崎大宮高校	文Ⅲ
S・T	鹿児島県	県立鶴丸高校	文Ⅱ

②グループ（公立中学〜私立・国立高校　13名）

イニシアル	出身地	出身校	入学時
K・E	埼玉県	学習院女子高等科	文Ⅰ
O・S	埼玉県	海城高校	理Ⅰ
F・A	千葉県	土佐高校	理Ⅰ
K・S	東京都	帝京高校	理Ⅱ
I・J	東京都	筑波大附属高校	文Ⅲ
I・Y	東京都	桐蔭学園高校理数科	理Ⅰ
H・M	神奈川県	桐蔭学園高校理数科	理Ⅰ
S・A	大阪府	大阪教育大附属天王寺高校	文Ⅲ
H・H	大阪府	洛星高校	文Ⅲ
I・H	広島県	修道高校	文Ⅱ
M・Y	広島県	修道高校	文Ⅲ
F・J	島根県	東大寺学園高校	文Ⅰ
T・H	福岡県	ラ・サール高校	理Ⅰ

③グループ（私立・国立大附属中学〜附属高校　68名）

イニシアル	出身地	出身校	入学時
K・T	千葉県	渋谷教育学園幕張中学〜高校	理Ⅰ
K・S	埼玉県	お茶大附属中学〜学芸大附属高校	文Ⅱ
K・H	埼玉県	巣鴨中学〜高校	文Ⅱ
T・S	埼玉県	武蔵中学〜高校	理Ⅰ
F・O	東京都	武蔵中学〜高校	理Ⅰ
F・K	埼玉県	海城中学〜高校	文Ⅲ
M・Y	埼玉県	開成中学〜高校	文Ⅱ
G・A	東京都	開成中学〜高校	文Ⅱ
Y・Y	東京都	開成中学〜高校	理Ⅰ
F・H	埼玉県	開成中学〜高校	文Ⅱ
H・Y	東京都	麻布中学〜高校	文Ⅱ
K・H	東京都	麻布中学〜高校	文Ⅲ
M・H	神奈川県	麻布中学〜高校	理Ⅰ
S・Y	東京都	筑波大附属駒場中学〜高校	文Ⅰ
F・K	東京都	筑波大附属駒場中学〜高校	文Ⅱ
S・Y	神奈川県	筑波大附属駒場中学〜高校	理Ⅰ
F・T	神奈川県	筑波大附属駒場中学〜高校	理Ⅰ
W・H	東京都	筑波大附属駒場中学〜高校	理Ⅰ
N・Y	東京都	筑波大附属駒場中学〜高校	理Ⅰ
O・M	千葉県	早稲田中学〜高校	文Ⅱ
S・H	東京都	東邦大附属中学〜高校	理Ⅰ
M・Y	東京都	東京学芸大附属中学〜高校	文Ⅲ
N・D	東京都	東京学芸大附属中学〜高校	文Ⅲ
T・M	北海道	東京学芸大附属中学〜高校	文Ⅲ
M・K	神奈川県	東京学芸大附属中学〜高校	理Ⅰ
Y・D	東京都	立教英国学院中学〜高校	文Ⅲ
S・K	埼玉県	桜蔭中学〜高校	文Ⅲ
T・K	東京都	桜蔭中学〜高校	文Ⅲ

イニシアル	出身地	出身校	入学時
N・M	東京都	桜蔭中学～高校	文I
M・M	東京都	桜蔭中学～高校	文III
F・R	東京都	立教女学院中学～高校	文III
R・Y	東京都	暁星中学～高校	文II
M・H	東京都	城北中学～高校	理I
O・T	東京都	芝中学～高校	理II
S・T	東京都	芝中学～高校	文II
H・T	東京都	帝京大学附属中学～高校	理II
M・K	東京都	桐蔭学園中学～高校理数科	理II
K・Y	東京都	桐蔭学園中学～高校理数科	文II
O・A	東京都	桐蔭学園中学～高校理数科	文II
K・J	神奈川県	桐蔭学園中学～高校理数科	理II
I・R	神奈川県	栄光学園中学～高校	文II
N・M	神奈川県	聖光学院中学～高校	文I
I・Y	神奈川県	聖光学院中学～高校	理I
A・K	神奈川県	浅野中学～高校	文II
K・H	神奈川県	浅野中学～高校	理I
S・S	神奈川県	横浜共立学園中学～高校	文III
S・K	愛知県	滝中学～高校	理I
A・S	愛知県	滝中学～高校	理I
A・E	三重県	高田学苑中学～高校	理II
I・N	京都府	洛星中学～高校	文II
S・A	京都府	京都共栄中学～高校	理I
M・N	大阪府	大阪教育大附属中学～高校	理II
K・T	大阪府	愛光学院中学～高校	理II
T・Y	大阪府	灘中学～高校	理I
O・Y	大阪府	灘中学～高校	文II
O・K	兵庫県	灘中学～高校	理II
O・T	大阪府	灘中学～高校	文III
F・Y	兵庫県	灘中学～高校	理III
O・H	兵庫県	甲陽学院中学～高校	文I
T・M	兵庫県	甲陽学院中学～高校	文I
M・T	兵庫県	白陵中学～高校	理I
M・Y	奈良県	東大寺学園中学～高校	文II
N・I	広島県	広島学院中学～高校	文II
K・T	広島県	広島学院中学～高校	文III
T・M	広島県	広島学院中学～高校	理II
K・S	高知県	土佐中学～高校	文I
S・D	大分県	岩田中学～高校	文II
F・S	宮崎県	宮崎第一中学～高校	文III

④グループ（私立・国立大附属中学～公立・私立高校　6名）

イニシアル	出身地	出身校	入学時
N・K	千葉県	千葉大附属中学～日大習志野高校	理II
N・Y	香川県	香川大附属中学～高松高校	理II
S・T	長崎県	長崎大附属中学～長崎北陽台高校	文III
H・H	長崎県	長崎大附属中学～青雲高校	文I
H・A	茨城県	茨城大附属中学～県立水戸第一高校	理I
M・T	山口県	宇部短大附属中学～白陵高校	理II

東大生100人が教える 成績をグングン伸ばす
中学生の勉強法

編者	東京大学「学習効率研究会」
ブックデザイン	河石真由美（CHIP）
DTP組版	有限会社CHIP

発行　株式会社　二見書房

〒101-8405
東京都千代田区三崎町2-18-11堀内三崎町ビル
電話　03（3515）2311［営業］
　　　03（3515）2313［編集］
振替　00170-4-2639

印刷　株式会社　堀内印刷所
製本　株式会社　村上製本所

落丁・乱丁本は送料小社負担にてお取替えします。
定価はカバーに表示してあります。

ISBN978-4-576-14025-4
http://www.futami.co.jp

二見書房の既刊本

最小の努力で成績が急上昇!

中高一貫校卒の東大生60人が教える 中学生の勉強法

東京大学「学習効率研究会」編著

中高一貫校卒の東大合格者が増えている。彼らの中学のときの超効率学習法を公開。東大合格から逆算したムダのない勉強法を紹介する。公立中や中高一貫校の中学生に贈る!

最小の努力で最大の効果!

新 東大生100人が教える 中学生の勉強法［英語篇］

東京大学「学習効率研究会」編著

◎授業中心の着実なやりかたが英語力を伸ばす ◎英語の成績上昇のカギは「基本文法」にあり ◎このチェック・リストを強い味方にせよ!

通勤・通学の途中でもできる

川島隆太教授の脳を鍛える即効トレーニング

川島隆太 著

わずか数分間の脳トレ（33項目）が、創造力・記憶力・自制力を高め、物忘れ解消・ボケ防止にも大きな効果。効率のよいトレーニングで健全な脳の働きを取り戻すことができる。